DROITS DU PRINCE

SUR

L'Enseignement public,

OU

RÉFUTATION

DES DOCTRINES

du Catholique des Pays-Bas,

Par M. K.

GAND,

IMPRIMERIE DE J. N. HOUDIN, RUE DE LA CATALOGNE.

1827.

DROITS DU PRINCE

SUR

L'ENSEIGNEMENT PUBLIC.

DROITS DU PRINCE

SUR

L'Enseignement public,

OU

RÉFUTATION

DES DOCTRINES

du Catholique des Pays-Bas,

Par M.ᵉ H.

GAND,

IMPRIMERIE DE J. N. HOUDIN, RUE DE LA CATALOGNE.

1827.

DROITS DU PRINCE

SUR

L'Enseignement public.

***

DE tous les moyens qui peuvent servir à
constituer un peuple, à former ses mœurs, à
consolider ses institutions, à lui donner un caractère propre et distinctif, le plus puissant et
le plus efficace, c'est l'éducation de la jeunesse.
Le législateur qui n'en ferait point la base de
l'édifice social, bâtirait sur le sable, et s'il en
laissait la direction à d'autres qu'à ceux qui,

par la nature de leurs fonctions, sont chargés du maintien de l'ordre et de l'exécution des lois, je veux dire, aux gouvernemens, il établirait dans l'État une puissance qui, de quelque titre modeste qu'elle voulût bien se contenter, par l'influence qu'elle exercerait sur les esprits, parviendrait tôt ou tard à contrebalancer, et, en cas de contestation, à dominer tous les autres pouvoirs. C'est donc avec une profonde sagesse que les auteurs de la Charte constitutionnelle du royaume des Pays-Bas, ont déféré au Roi, et à lui seul, le soin de surveiller les écoles inférieures, moyennes et supérieures, en lui faisant un devoir d'en mettre tous les ans l'état exact sous les yeux des représentans de la nation ; et ce n'est pas sans surprise que nous avons vu des hommes qui se disent par excellence les défenseurs du trône et de l'autel, disputer à la couronne, comme contraire à la constitution, à la religion catholique et à l'autorité paternelle, un pouvoir qui lui appartient de fait et de droit. Cette provocation inattendue, cette protestation intempestive contre l'ordre établi, cet appel à d'anciens préjugés, nous ont paru dignes de la plus sérieuse attention ; nous y avons répondu dans une série d'articles insérés au *Journal de Gand ;* rien ne nous y forçait ; personne ne nous en témoignait le désir ; et la reconnaissance qui nous attache au gouvernement, n'eût pas été un motif suffisant d'embrasser sa défense, si une intime conviction ne nous en eût fait un devoir. Ami de la liberté, les bienfaits même que nous avons reçus, ne nous auraient pas arraché un mot de complaisance ; et si nous vantons le régime sous lequel nous avons le bonheur de vivre, si nous admirons la sagesse du Prince qui nous gouverne, c'est que nous pouvons le faire sans flatterie.

Nous étions loin de penser qu'un article de journal pût donner lieu à de si longs débats; la question est importante, il est vrai; elle touche à des matières délicates, et, dans ce pays sur-tout, elle se rattache aux plus grands intérêts politiques; mais enfin elle n'est pas insoluble; nous l'avons réduite à des termes fort simples; et si nous n'avons pas dû nous flatter qu'on se laissât convaincre par nos argumens, au moins avions-nous l'espérance que, nos principes une fois exposés de part et d'autre, la discussion se terminerait, et que nous nous en rapporterions au jugement du public. Il paraît que la polémique est du goût de nos adversaires; elle n'est pas du nôtre, et, pour y mettre fin, pour que les abonnés du *Journal de Gand*, qui ne connaissent pas le *Catholique*, et ceux du *Catholique* à qui il est interdit de s'abonner au *Journal de Gand*, puissent décider en connaissance de cause, nous leur mettrons sous les yeux tout ce qui a été dit pour et contre, et ils prononceront. En conséquence, nous allons rappeler les principales propositions émises par les échos de Mont-Rouge, contre le droit attribué au gouvernement de ce royaume sur la direction de l'enseignement public; nous en conserverons religieusement jusqu'aux moindres expressions, et nous les ferons suivre alternativement des réponses que nous avons cru y devoir faire.

Cette méthode n'est pas la plus propre à établir notre système et celui que nous combattons; il eût mieux valu analyser et réduire en un corps de doctrine les diverses allégations du *Catholique*, et les réfuter dans leur ensemble; mais on aurait pu supposer, ou que nous en avions mal saisi le sens, ou que nous l'avions altéré; et c'est pour éviter ce reproche que nous nous bornons à transcrire les pièces d'un procès qui a occupé nos lecteurs pendant trois mois, et qui aurait dû se terminer plus promptement. On nous a quelquefois accusé de craindre la discussion et de chercher à l'étouffer ; nous ne pouvons pas donner une meilleure preuve du contraire.

EXAMEN

DU SYSTÈME DE CEUX QUI ATTRIBUENT AU GOU-
VERNEMENT LE DROIT EXCLUSIF DE RÉGLER
TOUT CE QUI A RAPPORT A L'INSTRUCTION
PUBLIQUE.

(Catholique des Pays-Bas, 9 Mars 1827, N.° 58.)

« Ce système, nous le savons, a été plus d'une
fois victorieusement combattu par d'excellens
écrivains; mais il ne saurait être superflu d'y
revenir encore; aussi long-temps que la vérité
n'a pas dissipé entièrement les ténèbres de
l'erreur, il est bon de montrer combien un
tel système est loin d'être fondé sur de vrais
principes. Nous l'envisagerons donc ici comme
contraire à la religion catholique; contraire à
l'autorité paternelle; contraire à la Loi fondamentale du royaume.

» Et d'abord, qu'y a-t-il *de plus contraire à
la religion catholique,* que d'investir le gouver-

nement du droit exclusif de régler tout ce qui
a rapport à l'instruction publique? Est-ce aux
gouvernemens, dont les doctrines varient selon
les hommes qui les composent, ou bien aux
apôtres et à leurs successeurs, que Jésus-Christ
a adressé ces mémorables paroles : *Allez, enseignez tous les peuples?* Non, jamais, avant la
propagation des doctrines de la philosophie moderne, on ne disputa chez aucun peuple catholique sur le sens de ces paroles du Sauveur.
Jusqu'à cette époque, les écoles avaient été,
pour la plupart, fondées par des prêtres, et
étaient généralement soumises à l'influence
ecclésiastique. Il n'en saurait être autrement,
sans que la religion ne soit exposée à un danger
toujours existant. Les écoles de Bonaparte four-
nissent une preuve irrécusable de ce que nous
avançons. Sur la fin de son règne, le despote
s'attribua le droit exclusif de diriger l'éducation
publique. Qu'en résulta-t-il? La plupart des
écoles devinrent des antres d'immoralité et
d'irréligion ; le crime devança l'âge des pas-

sions ; et l'on vit une malheureuse jeunesse porter le désespoir dans l'ame de ses parens, en donnant tous les indices d'une horrible dépravation. Nous pourrions appuyer ceci d'un grand nombre de faits que personne n'a démentis. Bornons-nous à en citer quelques-uns des plus frappans.

» Presque partout les exercices religieux n'étaient qu'un scandale de plus. Dans une école spéciale, pour concilier les bienséances publiques avec la commodité particulière, on avait imaginé l'expédient de faire assister les élèves à la messe par députation.

» Ailleurs on a vu, avec une sorte d'épouvante, presque tout un Lycée, les chefs à la tête, approcher, à jour fixe, de la sainte Table, et recevoir le corps d'un Dieu sur cette même langue qui, la veille, prêchait l'athéisme. C'est ainsi qu'on prétendait répondre au reproche d'irréligion.

» Un élève, un jour, disait à son condisciple : « Tu as été à confesse, as-tu tout dit? — Crois-tu donc que j'aie perdu la tête : on dit ce qu'on

veut et rien de plus. — Mais, as-tu communié?
— Sans doute : pourquoi pas? » Ce dialogue,
dont je garantis l'exactitude, est plus fort que
tout ce qu'on pourrait ajouter. On frémit, et
l'on se tait.

» Si je voulais peindre les mœurs des Lycées,
je dirais des choses horribles. Un enfant de
quinze ans écrivait à son frère : « Je ne connais
d'autre divinité que Vénus et Bacchus. » Tel est
le symbole et le code des écoles impériales.
Jamais dépravation précoce n'offrit de spectacle
plus hideux. L'Université elle-même l'avoue et
me dispense de révéler ces infamies.

» Un seul trait entre mille autres. Pendant un
temps, une classe entière se formait régulière-
ment deux fois par jour en comité de débauche.
Je tiens ce fait d'un des complices qui, revenu
à lui-même, ne savait comment exprimer l'horreur que lui inspiraient ces scènes abominables.
Dans une autre maison, le désordre en vint au
point que le médecin déclara qu'il ne pouvait
plus répondre de la vie des élèves. Plusieurs, en

effet, périrent victimes de leur philosophie pratique. (De la Mennais, *Mélanges.*)

» On voit, par ces exemples, ce que peut devenir l'éducation, quand un esprit anti-catholique prédomine dans le gouvernement, et à quoi l'on s'expose en attribuant à l'autorité temporelle le droit exclusif de la diriger. Quiconque est maître de l'éducation, est maître de la religion et des mœurs de la jeunesse : les libéraux le savent bien ; et c'est pour cela que toujours ils ont cherché à s'en emparer. On trouve, à cet égard, dans un ouvrage fameux des illuminés d'Allemagne, des instructions assez curieuses. Voici ce qu'on y recommande aux adeptes : « Il faut » former sans cesse de nouveaux plans pour » soumettre à la direction de l'ordre l'éducation » de la jeunesse. » (*Spartacus et Philon*, p. 117.)

« Ce sont sur-tout les jeunes gens qui attirent » l'attention de l'ordre ; c'est pourquoi chaque » préfet s'occupera, dans le pays qu'il habite, » des écoles, de l'éducation de la jeunesse et » des maîtres auxquels elle est confiée, et cher-

» chera à faire conférer ces places à des mem-
» bres de l'ordre. » (*Ibid.* pag. 172.)

» La société *Tot nut van't Algemeen* peut servir
à compléter ces preuves. On cherche, par tous
les moyens possibles, à l'étendre dans nos provinces méridionales. Quelques écoles, à ce qu'on
nous a assuré, y sont déjà soumises à son influence. Quelles en seront les suites pour les enfans catholiques qui les fréquentent? Il est facile
de le prévoir. On semera les doctrines de l'indifférentisme dans leurs jeunes intelligences, et
tôt ou tard la religion des auteurs de leurs jours
deviendra pour eux un sujet d'indifférence et de
haine.

» *L'autorité paternelle* est également blessée
par le système que nous combattons. L'éducation
appartient de droit naturel au père : c'est un
devoir pour lui de veiller au bien - être tant
moral que physique de ses enfans. Si, par sa
faute, son fils, au lieu d'être élevé dans les
principes de la religion catholique, apprend à
la regarder comme une vraie superstition, c'est

à lui que Dieu en demandera compte. Or, quel moyen le père a-t-il de remplir un de ses devoirs les plus sacrés, si le gouvernement est maître suprême de l'éducation; s'il peut la diriger, selon qu'il le juge à propos, dans un sens même anti-catholique? Je sais qu'on peut soigner soi-même l'éducation de ses enfans, ou la confier à des maîtres particuliers; mais, outre que l'éducation publique est beaucoup préférable, quand elle est confiée à des mains sûres, peu de personnes ont le loisir ou la fortune nécessaires pour procurer une éducation privée à leurs enfans.

» On pourrait nous dire : Nos Colléges et autres établissemens d'instruction publique, ne sont-ils pas dignes, sous le rapport religieux, de la confiance des parens catholiques; et que deviennent, en ce cas, vos objections? Nous ne prétendons nous constituer l'accusateur de qui que ce soit; mais si le gouvernement a le droit exclusif de diriger toutes les maisons d'éducation, il a le droit d'y faire enseigner telle doctrine

religieuse qu'il juge convenable ; il a le droit
d'y nommer des maîtres qui appartiennent à la
religion protestante, ou même qui se font gloire
de ne professer aucune religion. Admettre le
système exclusif, ce n'est donc offrir aux pères
de famille, contre les inconvéniens que nous
avons indiqués, d'autre garantie que le bon
plaisir de l'administration.

» Nos adversaires croient répondre à toutes les
objections, en affirmant que le système, dont
ils se sont faits les défenseurs, est basé sur la
Loi fondamentale. Ils nous paraissent en ceci
aussi peu fondés que dans tout le reste. Là où
notre Loi fondamentale établit un droit exclusif, ce n'est nullement en termes ambigus : or,
que dit-elle relativement au droit du gouvernement sur l'instruction publique ? c'est en
vain que nous la feuilletons en tout sens ; nous
n'y trouvons que ce peu de mots : *L'instruction
publique est un objet constant des soins du
gouvernement. L'éducation des pauvres est envisagée comme un objet non moins important*

des soins du gouvernement. Nous adjurons tout
homme sensé de nous le dire avec franchise :
les phrases que nous venons de citer, réveillent-
elles dans son esprit l'idée, ou le soupçon seulement, que les auteurs de la Loi fondamentale
aient voulu accorder par-là au gouvernement
le droit exclusif de régler tout ce qui a rapport
à l'instruction publique? Est-ce que jamais,
chez aucune nation civilisée ou barbare, les
expressions suivantes : *être un objet constant
des soins,* ont pu signifier : *régir avec une
autorité absolue et exclusive?* De plus, la Loi
fondamentale, que nos adversaires ne cessent
d'invoquer, quoiqu'au fond elle leur soit si peu
favorable, contient un article par lequel *une
égale protection est accordée à toutes les communions religieuses qui existent dans le royaume.*
Dira-t-on que la religion catholique est bien
protégée, que sa stabilité est suffisamment garantie, lorsque le gouvernement a le droit de
faire enseigner, même indirectement, dans les
maisons d'éducation, des maximes contraires à

ses croyances, et d'empêcher qu'on n'ouvre d'autres établissemens d'éducation? Nous ne le pensons pas : nous ne croyons personne capable d'abuser à ce point du raisonnement.

» Nous finirons en citant à nos adversaires l'exemple d'une nation dont ils ont eux-mêmes plus d'une fois vanté le bonheur, la sagesse et la gloire. Dans la république des États - Unis d'Amérique, la législation accorde, comme dans le royaume des Pays-Bas, la liberté de conscience la plus entière. Quelles en sont les conséquences? le voici. Les catholiques, dont le nombre s'y accroît chaque année, y jouissent du calme le plus profond; ils sont parfaitement libres d'ouvrir autant d'écoles qu'ils en peuvent entretenir, et qu'ils le jugent nécessaire à leurs besoins; les évêques ont la direction suprême tant de leurs séminaires que des autres écoles ecclésiastiques. Les Dames du Sacré-Cœur y ont établi plusieurs couvens. On y trouve aussi des établissemens des Frères de la Doctrine chrétienne, et des Colléges dirigés par les jésuites, et personne ne croit être en droit de les inquiéter le moins du monde. Si nos adversaires doutent de la réalité des faits que nous citons, nous les engageons à lire le 10.ᵉ ouvrage publié en 1825, par la *Bibliothèque Catholique de la Belgique*. Ils pourront dire alors si nous avons exagéré; ils pourront juger en connaissance de cause de ce que les Américains entendent par la liberté religieuse. »

TEL est textuellement le premier article publié dans le *Catholique des Pays-Bas*, contre notre système d'enseignement public; cet article nous a paru inconstitutionnel, anti-national, contraire aux principes d'une sage administration. Frappé d'une attaque aussi imprévue, et, nous osons le dire, aussi intempestive; nous avons cru devoir en relever les erreurs et l'exagération. Voici une partie de la réponse que nous y avons faite le lendemain même; et que nous avons insérée au *Journal de Gand :*

LE système de ceux qui attribuent au gouvernement le droit exclusif de régler tout ce qui a rapport à l'instruction publique, est-il contraire à la religion catholique, à l'autorité paternelle, à la Loi fondamentale?

Nous ne le croyons pas, et nous pensons que le *Catholique* a tort de se prononcer pour l'affirmative.

Est-ce aux gouvernemens temporels, nous dit-il, *ou bien aux apôtres et à leurs successeurs, que Jésus-Christ a dit ces paroles mémorables : Allez, enseignez tous les peuples?*

Non, sans doute, ce n'est point aux gouvernemens temporels, que Jésus-Christ a adressé ces mémorables paroles : Jésus-Christ ne donnait pas de mission aux gouvernemens temporels; il se contentait de leur obéir; il prescrivait à ses disciples de rendre à César ce qui appartient à César; il leur déclarait que son royaume n'est pas de ce monde; et l'enseignement qu'il leur confiait, n'avait aucun rapport avec les choses humaines. Il venait de leur expliquer les dogmes de son Évangile, les préceptes de sa divine morale ; c'étaient ces dogmes et ces préceptes qu'il les chargeait d'aller répandre par tout l'univers , d'aller révéler à tous les peuples ; et certes il y a une grande différence entre cette mission sacrée, la seule qu'ils aient reçue et qu'ils aient transmise à leurs successeurs, et celle d'aller enseigner dans les écoles les lettres et les sciences profanes.

La plupart des écoles ont été fondées par des prêtres et jusqu'à la propagation des doctrines de la philosophie moderne , elles ont été soumises à l'influence ecclésiastique.

Cette proposition est bien générale ; elle embrasserait et les trois ou quatre premiers siècles du christianisme, où nous ne lisons nulle part que les prêtres, comme tels , aient enseigné autre chose que l'Évangile, où même nous savons que les Grégoire, les Athanase et les Chrysostôme fréquentaient avec les païens les écoles des philosophes, dont les chrétiens ensuite furent exclus par Julien ; et les temps postérieurs à la renaissance des lettres, pendant lesquels il est certain qu'il a été fondé des écoles et que les leçons y ont

été données par d'autres que par des ecclésiastiques ; mais, quand il serait vrai, que, dans
les pays catholiques, les établissemens d'instruction ont, de tout temps, été soumis à l'influence
du clergé, le fait n'est pas le droit, les abus ne
se changent pas en principes, et il faudrait renoncer à toute espèce d'amélioration sociale, si,
dans les choses civiles, on ne voulait prendre
pour règles et pour modèles que les institutions
des temps passés.

D'ailleurs, on ne nous parle ici que des états
catholiques ; et le cas n'est pas applicable au
royaume des Pays-Bas, où tous les cultes sont
libres et toutes les communions également protégées. On ne peut donc, de ce qui s'est fait
ailleurs et à d'autres époques, argumenter contre nous de ce qui doit se faire aujourd'hui à
La Haye et à Bruxelles.

*La religion catholique, si les écoles n'étaient
soumises à l'influence du clergé, serait exposée
à un danger toujours existant.*

Sous un gouvernement qui aurait le droit

de s'immiscer dans les affaires religieuses, ce danger pourrait être réel; mais ce n'est point là notre position ; chez nous, la religion du Prince n'est pas celle de l'État; on n'y admet pas de culte dominant; on n'y connaît que des citoyens égaux, soumis à des lois, à des devoirs communs, et libres dans leurs croyances particulières; on n'y confond pas ou l'on ne doit pas y confondre l'enseignement religieux avec celui des sciences, le sacré avec le profane; ce sont des choses distinctes; et, si on ne les a pas toujours séparées, c'est qu'on ne l'a pas voulu : au premier désordre, à la moindre plainte, on peut les diviser; la prudence le conseille; et c'est le moyen le plus sûr d'obvier à tous les inconvéniens, de calmer toutes les inquiétudes, de prévenir toute collision entre le sceptre et l'encensoir.

On nous cite les écoles de Bonaparte, *comme des antres d'immoralité et d'irréligion*. Que nous font à nous ces écoles? Quel rapport y a-t-il entre les Lycées de la France et les Athénées de la Belgique? entre nos Universités et celle de M. de

Fontane? Qui a donné à l'Empereur le droit de tourner à son seul profit tout le système de l'enseignement? qui l'a proclamé le restaurateur de la religion? qui a inséré dans le Catéchisme que sa dynastie était la seule légitime? qui a déshérité les Bourbons en le couronnant? qui a signé un concordat avec lui? qui a chanté le *salvum fac imperatorem?* qui l'a autorisé à faire fréquenter, dans les villes épiscopales, les leçons des Colléges communaux, par les élèves des petits Séminaires? Y a-t-il eu, à cette époque, une seule réclamation à Gand, à Paris ou à Rome? On se taisait sous Bonaparte et l'on obéissait. Pourquoi n'est-on plus si docile?

Ce n'est pas que nous ayons jamais approuvé un système d'éducation où la Patrie n'était comptée pour rien, où tout se rapportait au Prince, où l'on formait des soldats plutôt que des citoyens; et nous n'avons pas dessein de nous inscrire en faux contre quelques traits d'immoralité et d'irréligion réprochés aux écoles impériales par M. l'abbé de la Mennais; mais

ces abus n'auraient pas eu lieu, et Mont-Rouge
n'aurait pas trouvé un si beau prétexte de dé-
clamation, si notre distinction eût été admise.
Au reste, il peut y avoir de l'excès dans ces
récriminations de l'ultramontanisme, et si nous
sommes peu surpris que le *Catholique* les ait
adoptées sans restriction, nous le sommes beaucoup d'avoir vu se reproduire dans un journal,
et sous une plume aussi chaste que la sienne,
les cyniques expressions de l'éloquent abbé.
Qu'un moraliste sévère, qu'un satirique, comme
Juvénal, dans un ouvrage destiné à des hommes
mûrs, s'abandonnant aux transports d'une sainte
indignation, consente à révéler de pareilles tur-
pitudes, à retracer les impudiques tableaux de
la plus hideuse dépravation, et à tremper, pour
ainsi dire, ses mains dans des ulcères, nous le
concevons; mais le *Catholique* devait-il suivre
cet exemple dans une feuille qui peut à chaque
instant tomber sous les yeux d'une jeunesse in-
nocente encore, et corrompre son heureuse ignorance? dans une feuille où les élèves de nos

Séminaires apprennent la théologie, et qu'on lit
au parloir des Dames du Sacré-Cœur? Si pareillle
chose nous arrivait, nous le pardonnerait-on, et
n'aurait-on pas droit de nous répéter avec un
ancien :

*Nil dictu fœdum visuque hæc limina tangat
Intra quæ puer est.*

Tremblez qu'un geste, un mot dont la pudeur s'offense,
Vienne souiller l'asile où respire l'enfance.

Mais, comme nous l'avons déjà insinué, ces récriminations n'ont-elles rien d'exagéré? faut-il
ajouter une foi entière aux haineuses inculpa-
tions de l'ennemi des libertés de l'Église galli-
cane? et la corruption était-elle poussée à un
point si extraordinaire dans les écoles impériales? Nous croyons, nous, que les mœurs des
anciens Colléges ne valaient pas mieux. Nous
pourrions en rapporter des exemples : le médecin Tissot en a consigné quelques-uns dans
un livre célèbre; et nous avons sous les yeux
un numéro de l'ancienne *Gazette ecclésiastique*

qui prouve qu'avant la révolution française, il se passait aussi, dans de saintes écoles, des choses qui n'étaient pas fort honnêtes.

En 1787, une trentaine de jeunes abbés, en costume, après un dîner à Saint-Cloud, se sont rendus au Palais-Royal, l'ont traversé au milieu des huées, y ont passé la nuit, et ne sont rentrés chez eux que le matin. C'est au Séminaire de Saint-Firmin, à Paris, que le fait a eu lieu. Il ne faut pas s'en étonner; toutes ces réunions de jeunes gens, dans un même cloître, sont contraires aux mœurs; les hommes rassemblés tendent à se corrompre; cela est vrai au moral comme au physique; et s'il était possible, dans ces institutions imitées du régime monacal, d'éviter de si funestes abus, c'est à des pères de famille, plutôt qu'à des célibataires, qu'il faudrait s'en rapporter. On ne contrarie pas impunément la nature. Aussi, dans notre opinion, les Hollandais font-ils sagement de n'avoir que fort peu de pensionnats dans leurs écoles publiques. Ce n'est point *de la soupe* que

le gouvernement doit procurer à une jeunesse
citoyenne, c'est de l'instruction et une instruction nationale. Nos villes du midi devraient
imiter cet exemple; leurs établissemens leur
coûteraient moins cher; un partie de leurs dé-
penses serait bien mieux employée à récom-
penser les succès des élèves et le zèle des mai-
tres; et, dans les circonstances où nous sommes,
elles y trouveraient ce précieux avantage, que
les ennemis de leurs Colléges ne pourraient plus
en calomnier le régime intérieur; car il est bon
d'observer que ce n'est guère qu'à l'occasion de
la discipline et des mœurs des pensionnats,
qu'ils s'acharnent à dénigrer nos établissemens
d'instruction. Ils se plaignent moins de nos
Universités; pourquoi? c'est qu'on n'y a point
établi de pédagogies.

Des exemples cités par M. de la Mennais, le
Catholique conclut *aux dangers que court l'é-
ducation, quand un esprit anti-catholique prédomine dans le gouvernement, et qu'on attribue
à l'autorité temporelle le droit exclusif de la
diriger.*

Cette conclusion ne se rapporte probablement qu'à la France, sous le gouvernement impérial; et quand il serait démontré que l'esprit de ce gouvernement était anti-catholique, ce qui s'accorde mal avec le titre de restaurateur des autels donné à son chef par tout le clergé de France et par le Pape lui-même, ce ne serait encore qu'une exception, qu'un abus de pouvoir; et ces Messieurs savent bien qu'un gouvernement n'est pas déshérité de ses droits constitutionnels, pour en avoir abusé quelquefois. La doctrine contraire mènerait trop loin; elle conduirait à l'anarchie; et les amis *du trône et de l'autel* ont une autre idée des prérogatives de la couronne. D'ailleurs, le danger qu'aurait pu courir, sous Bonaparte, la France religieuse, n'aurait résulté que de la confusion, dans ses écoles, de l'enseignement religieux avec celui des sciences humaines; et cette confusion, comme nous l'avons déjà dit, peut s'éviter dans tous les pays, et ne saurait avoir lieu dans le nôtre.

Quiconque est maître de l'éducation, est maître de la religion et des mœurs de la jeunesse.

Si vous entendez par *éducation*, l'enseignement simultané de la religion et des sciences,
vous avez raison; mais le gouvernement ne prétend diriger que l'enseignement des sciences; il
ne veut faire ni des protestans ni des catholiques; ce soin ne le regarde pas. Il ne se charge
que de former des citoyens; c'est vous qui confondez ces deux choses; c'est vous qui cherchez
à vous emparer de la jeunesse, et vous avez tort
d'en accuser les libéraux, les illuminés, la Société *Tot nut van 't Algemeen*. Pourquoi ne
voulons-nous pas des jésuites? c'est précisément
parce qu'ils pensent comme vous; c'est parce
qu'ils veulent se rendre maîtres de l'éducation,
comme vous l'entendez. Supposons qu'il s'insinue parmi nous des hommes, sans existence
légale, qui veuillent s'emparer de la génération
actuelle, pour dominer toutes les autres; qu'ils
reconnaissent un chef étranger et lui soient
aveuglément soumis; qu'ils aient pris en horreur les gouvernemens constitutionnels; qu'ils
aient juré d'étouffer l'esprit du siècle; qu'ils

impriment dans le cœur des jeunes gens, la haine de nos institutions et l'amour du pouvoir absolu; qu'ils accusent nos lois d'athéisme, parce qu'elles sont tolérantes; qu'ils changent nos Colléges en couvens, nos Universités en Séminaires, le gouvernement le souffrira-t-il? se mettra-t-il sous leur tutelle? laissera-t-il à des célibataires, à des moines, le soin de former l'esprit public, les mœurs nationales, et de préparer à l'État des citoyens, des guerriers, des magistrats, des législateurs? Voilà pourtant où aboutirait le système de ceux qui, en vertu de ces paroles : *Allez, enseignez tous les peuples*, prétendent qu'à eux seuls, et de droit divin, appartient la direction de l'enseignement public! et ce n'est pas une vaine supposition, une chimérique terreur. Ce que nous redoutons pour nous, ce que nous voulons éviter, on le fait ailleurs; on le fait sous nos yeux; on le justifie, on le proclame dans quelques-uns de nos journaux. A entendre ces Messieurs, on a tout à craindre de l'autorité du gouvernement, et rien de la domi-

nation des jésuites. Eux seuls ont de la religion ;
eux seuls s'intéressent à la paix, à la prospérité
publique. Pour qui nous prennent-ils donc ?
pour qui prennent-ils le gouvernement et les
pères de famille ? ne font-ils point, comme nous,
partie de l'État ? ne sont-ils pas, comme nous,
admissibles à tous les emplois ? sont-ils exclus
de l'enseignement civil ? nos Colléges, nos Athénées, nos Universités ne leur sont-ils pas ou-
verts ? n'ont-ils pas, en outre, comme ils doivent
l'avoir, l'enseignement exclusif de la religion ?
s'ils ont peur du système des illuminés d'Allemagne, pensent-ils que celui des illuminés de
Mont — Rouge ne nous cause pas une égale
frayeur ?

Nous nous emportons peut-être ; mais il y
a des prétentions auxquelles on ne répond pas
de sang-froid. Revenons à l'examen de l'article
du *Catholique.*

Nous lui abandonnons volontiers ses illuminés d'outre-Rhin ; les rêves mystiques de ce
pays nous inspirent peu de confiance ; il sortira

encore bien des in-folio du cerveau des Allemands, avant qu'ils n'aient mis en pratique une seule de leurs théories, et les instructions secrètes dont on nous parle, n'auront jamais sur l'Europe autant d'influence que celles du général Fortis.

La Société *Tot nut van 't Algemeen* n'est pas dans la même catégorie ; nous connaissons ses principes mieux que les rêves de l'illuminisme, et nous ne craindrons pas de la défendre. C'est une institution essentiellement nationale et philantropique ; elle est amie des lumières et de la morale ; elle consacre ses soins à l'instruction et au soulagement des malheureux ; elle n'a de récompenses que pour les actions vertueuses ; elle ne demande compte à personne de ses opinions ; la qualité d'homme suffit pour avoir droit à sa bienveillance. Nous concevons qu'elle n'ait pas l'approbation des Jésuites ; ses membres n'ont aucune mission secrète ; ils ne sont affiliés à aucune congrégation ; ils n'agissent que d'après l'impulsion de leur conscience ; quel bien

peuvent faire de pareils hommes, et qu'impor-
tent de bonnes actions, corrompues dans le germe
par des intentions philosophiques? Ces motifs
ne sont pas ceux qu'on avoue pour attaquer la
Société *Tot nut van 't Algemeen.* On lui trouve
d'autres torts ; on l'accuse d'indifférentisme en
matière de religion ; on l'accuse de tendre au
protestantisme.

*Quelques écoles , dit-on, sont déjà sou-
mises en Belgique à l'influence de cette Société;
quelles en seront les suites pour les enfans
catholiques qui les fréquentent? on semera les
doctrines de l'indifférentisme dans leurs jeunes
intelligences , et tôt ou tard la religion des auteurs de leurs jours deviendra pour eux un
objet d'indifférence ou de haine.*

Voyons ce qu'il y a de réel dans une accu-
sation si grave. Formée chez un peuple protestant, à l'époque où il y avait peu de rapports
entre la Belgique et la Hollande, *la Société du
Bien public* n'a pu avoir pour but de répandre
la religion réformée ; une pareille intention

eût répugné aux habitudes du pays, et ceux
qui connaissent l'origine de l'institution,
n'ignorent pas combien étaient différentes les
vues de son vénérable fondateur; loin de chercher à propager le protestantisme, c'est sur-
tout contre cet esprit de prosélytisme, qu'il a
cherché à se mettre en garde dès le principe; et
des traits qui distinguent une association aussi
charitable, le plus caractéristique est précisément cet amour parfaitement égal avec lequel
elle embrasse les hommes de toutes les communions.

Le plus efficace des moyens qu'elle emploie
pour contribuer au bien public, et celui contre
lequel on réclame plus particulièrement, est la
composition des livres qu'elle fait rédiger pour
la classe indigente, et qu'elle distribue annuel-
lement. Ces livres traitent de la religion chrétienne en général, ou bien ils enseignent les
élémens de la morale, de l'histoire, de la physique, et principalement des arts et des sciences
utiles. Ils sont écrits d'un style simple, à la

portée du peuple, et de manière à inspirer tout
à la fois l'amour de Dieu, le respect pour les
lois, la soumission au gouvernement, la charité
envers tous les hommes. Enfin, et c'est là l'esprit distinctif de la Société, on demande et on
exige, comme condition spéciale, dans la composition de ces livres, qu'on y évite scrupuleusement tout ce qui pourrait donner occasion
d'offenser les sentimens religieux ou politiques de
qui que ce soit. Telles sont textuellement, à cet
égard, les dispositions réglementaires de la Société *tot nut van 't Algemeen.*

Maintenant, nous demandons au *Catholique*
ce qu'il y a, dans de semblables dispositions,
qui puisse effaroucher le moins du monde la
plus scrupuleuse susceptibilité. Si, par ce moyen
et d'autres semblables, on est déjà parvenu, en
Hollande, à de précieux résultats; s'il n'en a
pas fallu davantage pour instruire et rendre
meilleures les dernières classes de la société; si
les pauvres y savent lire et écrire; s'ils y ont
une idée de leurs droits, de leurs devoirs, de la

dignité de léur être ; si, en aucun autre pays,
on ne trouve des ouvriers plus probes, des do-
mestiques plus fidèles, des artisans plus labo-
rieux, des soldats, des marins plus propres à
obtenir de l'avancement ; si des étrangers obser-
vateurs, si les inspecteurs Noël et Cuvier, du
temps de l'Université Impériale, ont été frappés
du phénomène de toute une population instruite,
religieuse et tolérante ; si la Belgique, d'ailleurs
si amie des sciences et des arts, est restée, sous
le rapport de l'instruction populaire, en arrière
de ce perfectionnement moral et intellectuel ; si
la moitié des habitans de nos villages, aujour-
d'hui même encore, ne savent ni lire ni écrire ;
si cette ignorance leur ôte tout moyen de sortir
de leur sphère d'obscurité ; si, dans nos régi-
mens, de braves soldats se sont vus trop souvent, faute d'instruction, privés de l'expectative
des grades même subalternes de l'armée ; s'il est
constant qu'il est une instruction première à la
portée de toutes les intelligences, qui, en donnant à l'homme le plus obscur le sentiment de

sa dignité, contribue à le rendre meilleur ; si
la statistique générale démontre que, dans tou
État, la dépravation et le nombre des délits de
croissent en raison de l'augmentation des lumières, pourquoi ne chercherait-on pas à en-
courager dans nos provinces méridionales une
institution qui a déjà fait tant de bien? On n'en
veut point, parce qu'elle est d'origine protestante; c'est une source empoisonnée d'où il ne
peut découler rien de pur; mais si le bien, pour
être fait par d'autres, perd de son mérite à vos
yeux, que ne le faites-vous vous-mêmes? Pourquoi les écoles élémentaires sont-elles si négli-
gées dans les pays où vous en avez seuls la direction? Pourquoi vos paysans sont-ils moins
éclairés, vos pauvres plus misérables, vos men-
dians plus corrompus, vos prisonniers plus abru-
tis, vos échafauds plus souvent ensanglantés?
c'est que vous n'avez pas, pour l'indigence et le
malheur, le respect que nous leur portons; c'est
que vous n'estimez pas les hommes; c'est que
vous craignez de vous adresser à leur raison;

que vous regardez l'instruction du peuple comme
une plaie ; que vous voulez vous faire de l'ignorance un moyen de domination. Vous n'en con-
viendrez pas, et vous vous rejeterez sur quelques
abus dans la distribution des livres classiques
de la Société que nous défendons. Vous nous
objecterez l'*Histoire de Curas*; mais ces abus,
s'ils existent, sont contraires au but de l'institution ; ils répugnent aux maximes du gouvernement; il suffit de s'en plaindre, pour qu'il
y soit remédié ; et déjà *l'Histoire de Curas*,
composée dans le principe pour des protestans,
a été revue avec tout le soin que des catholiques
peuvent désirer. Craint-on que de pareils inconvéniens ne se renouvellent? en prévoit-on,
en connaît-on de semblables? qu'on les signale
et qu'on les prévienne. On n'abat point les ar-
bres pour les émonder. Si la Société *Tot nut
van 't Algemeen* a quelques imperfections, fai-
tes-les disparaître; et, au lieu de la calomnier,
améliorez-la. C'est le vœu du Souverain, c'est
celui de tous les hommes sages. Nos magistrats,

nos ministres ont donné l'exemple. Des prêtres
catholiques, des savans, des pères de famille,
en grand nombre, se sont associés à cette bonne
œuvre; ce sont des hommes attachés à leur religion; ils ne souffriraient pas qu'il y fût porté
atteinte; et ce n'est pas au moment où l'on nous
prépare un concordat avec le Saint-Siége, qu'il
est permis de croire qu'on voulût favoriser une
association anti-catholique.

En un mot, la constitution du royaume admet et tolère tous les cultes. Elle garantit aux
citoyens de toutes les églises une éducation égale
et commune pour leurs enfans. Les croyances
particulières d'aucune communion ne doivent
donc en faire la base. Il faut donc que le dogme
y soit séparé de la morale, et qu'au sortir des
écoles publiques, chacun soit renvoyé aux ministres de son culte. La raison le veut, la tolérance l'exige; la Société *Tot nut van 't Algemeen*
ne fait pas autre chose. On ne peut donc l'attaquer, sous ce rapport, qu'au mépris de la raison et des lois.

Ainsi notre système n'est pas contraire à la religion catholique.

Est-il contraire à l'autorité paternelle? Le *Catholique* l'affirme; il ne le prouve pas.

L'éducation, dit-il, *appartient au père, de droit naturel.*

Nous le croyons; mais l'homme en société ne conserve pas la jouissance de tous les droits qu'il a reçus de la nature. La loi n'étant que l'expression de la volonté générale, il peut y avoir telle clause du contrat social, en vertu de laquelle les citoyens, pour leur avantage bien ou mal entendu, renoncent à telle ou telle portion de leurs droits et de leur liberté. Par exemple, ils pourraient abdiquer, en faveur de la patrie, l'autorité qu'ils ont naturellement sur l'éducation de leur famille. Les Perses, s'il en faut croire Xénophon, en agissaient de la sorte, et il en était de même à Lacédémone; mais ce sacrifice d'un droit si précieux n'est pas nécessaire, et nous convenons que, d'après notre pacte fondamental, le père conserve chez nous le droit de veiller au bien physique et moral de ses enfans.

Ce droit reconnu, ajoute-t-on, *quel moyen le père aura-t-il de l'exercer, si le gouvernement est maître suprême de l'instruction? s'il peut la diriger, selon qu'il le juge à propos, dans un sens même anti-catholique?*

La supposition qu'un gouvernement quelconque veuille et puisse diriger l'instruction publique dans un sens contraire à la religion d'une partie de ses sujets, nous écarte de la question. Dans ce cas, il y aurait tyrannie, et ces Messieurs auraient dû nous faire grâce d'une semblable supposition. Elle est injurieuse pour tous les gouvernemens; elle serait révoltante, si elle s'appliquait au nôtre. Les rédacteurs du *Catholique* ont le sens trop droit, ils connaissent trop les bienséances pour avoir eu cette pensée; et la protestation qu'ils ont faite si souvent de leur profonde vénération pour la personne sacrée du Roi, ne nous permet pas de suspecter leur intention. Cependant, diront-ils, *si pareille chose arrivait;* si, dans un pays de religion mixte, le gouvernement abusait de son influence sur l'enseignement, que ferait le père de famille? Vous nous l'avez dit : il soignerait lui-même l'instruction de ses enfans, ou il les confierait à des maîtres particuliers. Tous, il est vrai, n'ont pas le loisir et la fortune nécessaires pour donner à leurs enfans une éducation privée ; mais que voulez-vous? on ne fait pas ce qu'on veut sous un tyran; et ce n'est pas notre faute si, par vos hypothèses, vous nous placez dans une situation si fâcheuse. Au reste, vous connaissez d'autres ressources; le pays voisin serait peut-être plus heureux ; les parens pourraient trouver quelque autre Saint-Acheul, et il ne leur en coûterait que de renoncer pour leur famille à toute espèce d'emploi public.

Vous nous parlez d'un pays de religion mixte où le Prince pourrait faire tourner son influence sur l'enseignement, au détriment d'une communion différente de la sienne; mais vous ne nous dites rien de certain royaume, où ce qui n'est en Belgique qu'une supposition de la part du gouvernement, n'en est pas une de la part du clergé catholique; royaume aussi de religion mixte, où les fils des protestans, s'ils veulent fréquenter les écoles nationales, sont forcés d'y entendre des doctrines, des professions de foi contraires à leurs croyances! Ce système vous paraît-il meilleur? est-il plus conforme à la tolérance? et les catholiques, chez nous, ont-ils plus à craindre d'un Souverain qui protége également tous les cultes, que les protestans, en France, d'un clergé qui ne tolère que le sien? Il n'y a qu'un moyen de mettre toutes les consciences en sûreté, d'éviter toutes les querelles religieuses, c'est d'adopter notre système, de ne plus confondre l'enseignement des écoles avec l'instruction des temples.

Vous avez bien pensé que, frappé de vos sinistres prévisions, nous allions vous demander si les choses en étaient venues au point que nos Colléges et autres établissemens d'instruction, ne fussent plus dignes, sous le rapport religieux,

de la confiance des parens catholiques, et, pré-
venant notre question, vous vous êtes empressés
de répondre qu'en tout ceci *vous ne prétendiez
vous constituer les accusateurs de qui que ce soit.*
C'est fort charitable, assurément ; et le respectable M. de Brouwer, du Collége de Gand, et le
vénérable M. Moke, de l'Athénée de Tournay,
et une foule d'autres, vous doivent de grands
remercimens pour cette obligeante concession;
mais, si vous n'avez pas de reproches à leur
faire, que demandez-vous? et à quoi bon vous
créer des chimères pour les combattre? Vous
affectez de craindre que le droit attribué par
nous au gouvernement, n'aboutisse entre ses
mains à celui *de faire professer telle doctrine
religieuse qu'il jugera convenable ;* vous vous
abusez vous-mêmes; le gouvernement n'a pas ce
droit; nous le lui refusons positivement.

*Il a le choix des maîtres et il en peut nom-
mer qui appartiennent à la communion protestante.* Sans doute; mais que fait la communion
protestante à l'enseignement du grec, du latin,

de l'histoire naturelle, etc. ? que fait-elle à toute espèce d'enseignement où n'entre pas la religion? M. Cuvier est protestant ; il est inspecteur de l'Université royale de France ; la religion, dans ce pays, fait partie de l'éducation. M. d'Hermopolis dit-il anathême à M. Cuvier? êtes-vous plus catholiques que M. d'Hermopolis?

Nos adversaires, dites-vous encore, *croient répondre à toutes les objections, en affirmant que leur système est basé sur la Loi fonda-mentale.*

S'ils affirment ce fait et qu'ils le prouvent, leur réponse à toutes vos objections est en effet péremptoire. Un droit constitutionnel, dans un pays libre, ne souffre aucune contradiction. Or, la direction de l'enseignement civil est un droit constitutionnel du Souverain. La Loi fondamentale s'en explique en termes formels. *L'instruc-tion publique, d'après l'article 226, est un objet constant des soins du gouvernement; et le Roi fait rendre compte tous les ans aux États-Généraux de l'état des écoles supérieures, moyennes et inférieures;* et, d'après l'art. 228, *l'éducation des pauvres est envisagée comme un objet non moins important des soins du gouvernement:* dispositions sublimes, qu'on pourrait regarder comme le cachet de toute notre législation, et qui mériteraient d'être gravées en lettres d'or sur le frontispice de tous nos palais, de tous nos temples, de tous nos monumens publics. Le *Catholique,* dans ces deux dispositions, *ne voit rien, absolument rien qui réveille en son esprit l'idée ou le soupçon seulement, que la Loi fondamentale ait voulu accorder par-là au gouvernement la direction exclusive de l'instruction publique.* Nous ne pouvons faire qu'il voie ce qu'il n'a pas dessein de voir; mais ce qu'il n'aperçoit pas, tout le monde l'aperçoit, et, quelqu'ambigus que lui paraissent les termes de la loi, il conviendra qu'ils ne le sont pas assez pour contester au Prince un droit qui, s'il ne lui appartenait pas, n'appartiendrait dès-lors à personne, puisqu'il n'est question, dans tout l'acte fondamental, d'aucune autre surveillance que de la sienne.

On nous oppose, comme contradictoire avec le droit que nous attribuons au Souverain, l'article 191, par lequel *protection égale est accordée à toutes les communions religieuses qui existent dans le royaume.* Mais cet article n'a aucun rapport avec l'enseignement civil ; il ne donne pas plus de droit aux prêtres catholiques qu'aux ministres protestans ; ce n'est que l'expression du dogme de la tolérance ; et, à notre tour, *nous adjurons tout homme sensé de nous dire avec franchise s'il y voit autre chose.*

Dira-t-on que la religion catholique est bien protégée, lorsque le gouvernement a le droit de faire enseigner, même indirectement, dans les maisons d'éducation, des maximes contraires à ses croyances, et d'empêcher qu'on n'ouvre d'autres établissemens d'éducation ?

Oui, nous dirons que la religion catholique est protégée comme elle doit l'être ; qu'elle est sur le pied de l'égalité la plus parfaite avec les autres communions ; que le gouvernement s'occupe de sa splendeur ; qu'il relève ses églises, qu'il dote ses ministres, qu'il les récompense de leur zèle, qu'il pourvoit à leur plus solide instruction, qu'il sent vivement combien il lui importe que ses sujets catholiques, pour être de bons citoyens, soient sincèrement religieux; mais nous ne convenons pas *qu'il ait le droit de faire enseigner dans les écoles, même indirectement, des maximes opposées à leurs croyances.* Il ne le peut pas, il ne le veut pas, et jusqu'à preuve du contraire, il y aurait plus que de l'inconvenance à lui en supposer l'intention.

Quant aux établissemens d'éducation que l'autorité *empêche d'ouvrir,* nous ne savons pas de quels établissemens on veut parler. Il y a des réglemens sur la matière; et nous ne pensons point qu'en s'y soumettant, il puisse être mis aucune entrave à l'exercice du droit qu'ont, à cet égard, tous les citoyens indistinctement.

Il y aurait ici une belle question à examiner, celle de savoir si, dans nos États modernes, l'éducation ne devrait pas être entièrement libre; si les gouvernemens devraient se charger de l'in-

stitution et de la dotation des écoles; s'il ne
faudrait pas les abandonner, comme tout ce qui
est susceptible de concurrence, à l'industrie des
particuliers; celles de la Grèce n'étaient pas
salariées par l'Etat; et l'émulation à elle seule,
dans une foule d'Académies rivales et indépendantes, n'en a pas fourni moins de citoyens
illustres dans tous les genres, moins de philosophes, d'orateurs, de grammairiens, de poètes,
d'artistes, de guerriers, de législateurs à jamais
célèbres. Suivant nous, la liberté est le principe
de tout ce qu'il y a de bon sur la terre; nous la
voudrions en toute chose, dans le commerce,
dans les écrits, dans la religion, dans les lois,
dans l'enseignement. Le gouvernement n'en con-
serverait pas moins son droit d'inspection, de
direction suprême sur les hommes et les choses;
gardien naturel de l'ordre et des mœurs, il veil-
lerait aux abus, les préviendrait, les punirait;
il mettrait, à l'obtention des emplois publics,
telle condition qu'il jugerait nécessaire; le prêtre, le magistrat, le médecin, l'instituteur lui

devraient des garanties de leurs talens et de leur
moralité. Il ne ferait rien par lui-même; il laisserait faire, et ne se réserverait que d'empêcher
qu'on fit mal ou d'exciter à faire mieux. Que le
Catholique admette ce système; qu'il ne veuille
pas être plus libre, plus privilégié que les autres,
et nous nous rangeons de son parti; mais nous
doutons qu'il adopte nos idées, qu'il consente à
en subir les conséquences; et d'ailleurs elles ne
sont point encore assez mûres pour que nous
nous flattions de les voir de sitôt mises en pratique par les gouvernemens de l'Europe.

A propos de cette faculté d'ouvrir librement
des maisons d'éducation, ou, pour mieux dire,
à propos de la difficulté d'en ouvrir dans notre
pays, on nous cite le Nouveau-Monde; on nous
vante les progrès que font aux États-Unis les
établissemens des catholiques; leurs nombreuses
écoles, qui n'ont que les évêques pour directeurs,
leurs Frères de la Doctrine chrétienne, leurs
Dames du Sacré-Cœur, leurs Colléges de jésuites.
Nous ne révoquons pas en doute l'habileté des

jésuites; nous savons bien qu'il s'en fourre partout, et qu'on ne les voit nulle part sans igno-
rantins à leurs ordres et sans dévotes à leur suite.
Nous n'irons donc point, pour nous assurer du
fait, consulter le 10ᵉ volume de la *Bibliothèque
Catholique;* nous aimons mieux le croire que
d'y aller voir, et tout ce que nous pouvons sou-
haiter aux fils de Loyola, c'est qu'ils soient heureux dans le Nouveau Monde, et qu'ils nous lais-
sent tranquilles dans l'Ancien.

Ces observations ont provoqué la réplique
suivante :

Catholique des Pays-Bas, 21 Mars 1827, Nº 68.

« Nous avions cru jusqu'aujourd'hui que,
dans toute discussion, la bonne foi était une
qualité essentielle, et que, prêter gratuitement
à quelqu'un, ce qu'il n'a point soutenu, était
indigne d'un honnête homme. Ces principes ne

paraissent pas être ceux de notre adversaire.
Qu'il ait la bonté de nous le dire. *Où avons-
nous réclamé pour les prêtres seuls de la communion catholique, le droit de régler tout ce qui
a rapport à l'instruction nationale ? Où a-t-il
vu que nous ayions l'inconcevable absurdité de
prétendre qu'ils se mêlassent de la direction des
écoles des protestans ou autres sectaires ? Tout
notre article ne montre-t-il pas assez que c'est
des catholiques seuls qu'il s'agit ? n'avons-nous
pas eu soin de l'indiquer formellement, en nous
expliquant de la manière suivante : « Jamais,
» avant la propagation des doctrines de la phi-
» losophie moderne, on ne discuta chez aucun
» peuple catholique sur le sens de ces paroles du
» Sauveur ».

» Rapportons encore un petit échantillon de
la loyauté de notre adversaire. Il nous apostrophe quelque part en ces termes : *C'est vous qui
prétendez vous emparer de la jeunesse, et vous
avez tort d'en accuser les libéraux, les illuminés.*
Et pourquoi avons-nous tort d'accuser les illu-

minés de vouloir s'emparer de la jeunesse? c'est sans doute parce que nous avons cité un de leurs plus fameux ouvrages, dans lequel ils disent à leurs adeptes : « *Il faut former sans cesse de nouveaux plans, pour soumettre à la direction de l'ordre l'éducation de la jeunesse.* » Nous en appelons sur ce point à tous les honnêtes gens : quelle opinion doit-on avoir de celui qui ose ainsi démentir l'évidence? comment faut-il qualifier l'écrivain qui se joue de la vérité et du public avec tant de légèreté, tranchons le mot, avec une si révoltante inconvenance?

» Nous avons cru utile de donner d'abord une idée de la délicatesse des sentimens de nôtre antagoniste : examinons maintenant les principaux argumens de sa réplique. Il affirme dès le commencement que, d'après ces paroles de Jésus-Christ : *Allez, enseignez tous les peuples,* les prêtres catholiques ont seulement le droit de prétendre à l'enseignement de l'Évangile. Nous pensons qu'il entend par-là le droit de diriger l'instruction religieuse, telle qu'on l'a toujours

donnée dans l'Église catholique ; et il est clair,
selon nous, que le système que nous combattons enlève, en grande partie, ce droit aux ministres de la religion. En effet, d'après ce système, par qui sont exclusivement nommés tous
les maîtres ? à qui appartient-il de prescrire les
livres destinés à l'enseignement ? Au gouvernement seul. Or, si le gouvernement jugeait à
propos de nommer des maîtres opposés à la religion catholique, et de faire enseigner des ouvrages contraires à nos croyances, qui pourrait
l'en empêcher ? personne assurément. Que deviendrait alors l'instruction religieuse des enfans
catholiques, quand même on permettrait à un
prêtre de donner de temps en temps des leçons
de catéchisme dans les établissemens d'éducation ? Nous désirons que notre adversaire nous
comprenne bien ; nous ne prétendons pas que
notre gouvernement agit de cette manière, *nous
ne prétendons nous constituer l'accusateur de
qui que ce soit;* mais nous combattons un système ; nous exposons les conséquences qu'il ren-

ferme nécessairement ; et ce n'est pas notre faute si elles sont contraires ou funestes à la religion catholique.

» Ainsi que nous l'avons annoncé ailleurs, *quiconque est maître de l'éducation, est maître de la religion et des mœurs de la jeunesse.* Si vous entendez par *éducation*, répond notre adversaire, l'enseignement simultané de la religion et des sciences, vous avez raison. Nous croyons en effet qu'il est chimérique et impossible de séparer dans l'éducation, l'enseignement religieux de l'enseignement des sciences et des lettres. Notre adversaire soutient le contraire. Selon lui, la religion n'a rien de commun avec les sciences qu'on appelle profanes ; c'est là son cheval de bataille ; c'est là-dessus qu'est basée toute son argumentation. Rien ne nous sera plus facile que de démontrer, avec la dernière évidence, combien ses opinions à cet égard sont erronées. Nous n'avons pas besoin pour cela, comme il pourrait avoir envie de nous l'imputer philosophiquement, de confondre *le catéchisme*

nrec *la grammaire ;* car enfin, dans les Athénées
et les Colléges, on enseigne l'histoire ancienne
et moderne, on enseigne les belles-lettres. Eh
bien! ne trouve-t-on pas beaucoup d'histoires
où tout ce qui a rapport à la religion catholique
est présenté sous un faux jour? n'existe-t-il pas
un nombre infini de pièces de poésie et d'éloquence où la philosophie moderne a glissé son
venin? Si jamais on employait de pareils ouvrages
dans l'enseignement, la religion ne serait-elle
pas compromise? Le discours, par exemple, dans
lequel M. Dandelin, professeur extraordinaire à
l'Université de Liége, enseigne le déisme, n'of-
frirait-il aucun danger pour la foi, si un régent
de rhétorique s'avisait de l'expliquer et de le
faire comprendre à ses élèves catholiques? Notre
adversaire lui-même ne le prétendra point : qu'il
dise donc encore que la religion n'a absolument
rien de commun avec les sciences et les lettres!

» Nous avons demandé dans notre article :
« Dira-t-on que la religion catholique est bien
» protégée, que sa stabilité est suffisamment

» garantie, lorsque le gouvernement a le droit
» de faire enseigner, même indirectement, dans
» les maisons d'éducation des maximes contraires
» à ses croyances, et d'empêcher qu'on ouvre
» d'autres établissemens d'éducation? » Voici
une partie de la réplique de notre antagoniste :
*Nous ne convenons pas que le gouvernement ait
le droit de faire enseigner rien de contraire au
catholicisme ; nous lui refusons, au contraire, ce
droit anti-constitutionnel.* Fort bien ; mais pouvez-vous empêcher que ce droit ne découle évidemment du système de ceux qui attribuent au
gouvernement le pouvoir absolu et exclusif de
régler tout ce qui a rapport à l'instruction publique? D'ailleurs, vous-mêmes, vous affirmez
que l'autorité ecclésiastique ne doit avoir aucune
influence sur l'enseignement des sciences et des
lettres, dans les écoles destinées aux enfans catholiques : permettez-nous donc à ce sujet de
faire une supposition qui ne saurait ni vous
déplaire, ni vous paraître injurieuse : admettez
que les rédacteurs du journal que vous honorez

de votre coopération, parviennent un jour au ministère, et que la direction de l'enseignement public tombe entre leurs mains; auraient-ils la cruauté d'exclure de l'enseignement philosophique et littéraire, les ouvrages écrits dans les principes de la philosophie moderne, eux qui en ont fait tant de fois les éloges les plus brillans, et qui ont représenté souvent leurs auteurs comme les oracles de la sagesse et les bienfaiteurs de l'humanité? Il répugne au bon sens de le croire; mais aussi, nous le demandons de nouveau, que deviendrait en pareil cas l'instruction religieuse des enfans catholiques? »

On aura reconnu facilement, au ton de cette réplique, que ces Messieurs étaient loin d'abandonner la question élevée par eux, on ne sait pourquoi, sur ce qu'ils appellent les vices de notre système d'enseignement public. Nous ne refusons pas de continuer la discussion, et nous allons voir si, pour avoir tardé à nous répondre, du 10 mars jusqu'au 21, ils l'ont fait d'une manière plus victorieuse.

Ils nous prient de leur dire où nous avons vu qu'ils réclamaient pour les prêtres seuls de la communion catholique, le droit de régler tout ce qui a rapport à l'instruction nationale.

Nous l'avons vu, et nous croyons que tout le monde le verra, comme nous, dans ce passage de leur numéro du 9 mars, page 2.ᵉ, 2.ᵈᵉ colonne, 3.ᵉ alinéa :

Est-ce aux gouvernemens temporels, ou bien aux apôtres et à leurs successeurs, que Jésus-Christ a adressé ces mémorables paroles : Allez, instruisez tous les peuples? *Non, jamais, avant la propagation des doctrines de la philosophie moderne, on ne disputa chez aucun peuple catholique sur le sens de ces paroles du Sauveur. Jusqu'à cette époque, les écoles avaient été, pour la plupart, fondées par des prêtres, et étaient généralement soumises à l'influence de l'autorité ecclésiastique. Il n'en saurait être autrement, sans que la religion soit exposée à un danger toujours existant.*

Si ces paroles ne veulent pas dire qu'il est

reconnu, parmi les catholiques, que l'enseignement en général, puisqu'on n'en spécifie aucun,
appartient, de droit divin, aux successeurs des
apôtres et non aux gouvernemens; que les écoles
ont, de tout temps, été soumises à l'influence
du clergé, et qu'il n'en saurait être autrement,
sans que la religion soit compromise; si ces diverses propositions combinées ne reviennent point
à celle-ci : *que les prêtres de la communion catholique ont seuls le droit de régler tout ce qui a
rapport à l'enseignement des peuples*, nous demandons ce qu'elles signifient.

Mais, répondez−vous, *nous ne parlons que
des catholiques, et nous n'avons pas l'inconcevable absurdité de prétendre nous mêler de la
direction des écoles des protestans et des autres
sectaires.*

Pourquoi ne parlez−vous que des catholiques, et quelle absurdité si inconcevable de votre
part y aurait-il à prétendre aussi vous mêler de
l'instruction des protestans? votre titre primordial ne vous en donne − t − il pas le droit? ne

vous en fait-il pas un devoir? et, quand Jésus-
Christ a dit à vos prédécesseurs : *Allez, instruisez tous les peuples*, en a-t-il excepté quelqu'un?
a-t-il excepté les infidèles? n'était-ce pas eux
sur-tout qu'il les chargeait d'aller éclairer?
n'est-ce point en vertu de cette divine mission
que, tous les jours encore, nous voyons de nouveaux apôtres porter la lumière de l'Évangile
aux idolâtres de la Chine et aux sauvages du
Canada? n'est-ce pas ce que tentèrent, il y a
quelques années, en Russie, ces bons pères de
la foi, si mal récompensés par l'empereur
Alexandre, pour avoir voulu convertir ses sujets? Vous êtes vraiment trop modérés dans vos
prétentions; et le clergé de France ne renonce
pas si aisément à instruire les hérétiques, lui
qui soumet les protestans à sa discipline dans
les Colléges royaux où on veut bien les recevoir
avec les catholiques. Mais laissons cette plaisanterie, à laquelle pourtant il ne serait pas
facile de répondre, et précisons la question. En
quel pays vivons-nous? est-ce comme Belges

que vous parlez, et reconnaissez - vous les lois
qui nous régissent? Dans ce cas, que signifie
votre distinction? que nous voulez - vous dire
avec vos écoles catholiques et protestantes? y
a-t-il, dans un royaume comme le nôtre, où
tous les cultes sont libres, autre chose que des
écoles publiques dans lesquelles les enfans de
toutes les communions sont indistinctement admis? Ne vous avons-nous pas déjà expliqué, et
ne comprenez-vous pas aussi-bien que nous,
qu'il ne faut pas confondre, dans l'éducation,
les doctrines sacrées avec les sciences humaines, et que votre mission n'a de rapport qu'à
la prédication des vérités évangéliques?

*De tout temps, dans les pays catholiques,
les écoles ont en général été soumises à l'influence du clergé.*

D'abord, comme nous venons de vous le
rappeler, nous ne sommes pas dans un pays où
la religion catholique soit dominante; le fait ne
nous est donc pas applicable. Ensuite il n'est pas
démontré. Les chrétiens, dans la primitive

Église, fréquentaient les écoles païennes ; depuis, l'enseignement universitaire, celui de la jurisprudence et de la médecine, celui des sciences naturelles et mathématiques, celui même des littératures anciennes et des langues orientales, n'ont pas toujours été sous la direction et l'influence des prêtres ; et lors même qu'ils l'auraient été, il n'en résulterait qu'une conséquence ; c'est que le clergé se serait emparé d'un droit qui ne lui appartenait pas exclusivement, à une époque où il était moins ignorant que les autres, et qu'il l'a conservé le plus long-temps qu'il a pu. Or, le fait ne constitue pas le droit.

Passons à un autre grief, où *l'on trouve un petit échantillon de notre déloyauté et une révoltante inconvenance.*

Nous avions dit à ces Messieurs : *C'est vous qui cherchez à vous emparer de la jeunesse, et vous avez tort d'en accuser les libéraux.* Sur quoi ils nous font la question suivante : *Par quelle raison avons-nous tort de les en accuser?*

Sans doute parce que nous avons cité un de leurs plus fameux ouvrages où ce but est avoué. Non, Messieurs, ce n'est point pour cette raison; mais c'est parce qu'on a tort d'accuser les autres de ce qu'on fait soi-même. Les libéraux réclament pour le Souverain un droit que vous revendiquez pour votre parti. De quel côté est l'ambition et le désir de dominer?

Vous arrivez enfin à la réfutation de quelques points de notre réplique, auxquels vous voulez bien reconnaître *une apparence de raison plus ou moins spécieuse.*

Nous avons affirmé, dites-vous, *que, d'après ces paroles de Jésus-Christ :* Allez, instruisez tous les peuples, *les prêtres catholiques avaient seulement le droit de prétendre à l'enseignement de l'Évangile.*

Oui, nous l'avons affirmé, et nous l'affirmons encore.

Probablement vous entendez par-là le droit de diriger l'instruction religieuse, telle qu'on l'a toujours donnée dans l'Église catholique?

Expliquons-nous ; car il est nécessaire de
s'expliquer pour se comprendre, et c'est faute
de bien poser les questions, qu'en philosophie
comme en théologie, les disputes les plus lon-
gues et les plus opiniâtres ne sont souvent que
des *logomachies.* Par ces mots : *telle qu'on
l'a toujours donnée dans l'Église catholique,*
nous entendons, non point la forme et l'espèce
d'établissement où on a pu professer cette doctrine, mais cette doctrine elle-même dans toute
sa pureté. La forme peut varier ; elle n'a pas
été, dans les trois premiers siècles du christianisme, ce qu'elle est devenue après Constantin.
Elle a encore changé depuis ; elle changera encore. Autrefois, en certains pays, avant la réforme et ce qu'on appelle *l'invasion des doctrines
de la philosophie moderne,* il a été d'usage, et
il est possible qu'on ait trouvé bon, de confondre
l'enseignement de la religion avec celui des
sciences humaines ; aujourd'hui, sous notre
gouvernement sur-tout, il est mieux, il est
nécessaire que ces choses soient séparées, et

pour prévenir la confusion, pour tranquilliser les consciences, pour que les querelles religieuses, ce fléau des peuples chrétiens, ne puissent se renouveler, nous proposons de marquer plus distinctement les limites des deux pouvoirs; nous demandons que chaque citoyen, pour ses croyances particulières, soit renvoyé aux ministres de sa religion, et que, par cette barrière élevée entre ce qui est de ce monde, et ce qui n'appartient qu'à une autre vie, on rende désormais impossibles les empiétemens de l'autorité souveraine sur la puissance ecclésiastique, ou de la puissance ecclésiastique sur l'autorité souveraine. Nous ne concevons pas d'autre moyen, en admettant la tolérance, de mettre les doctrines religieuses à l'abri e tout danger et de toute altération.

Vous poursuivez et vous dites : *Mais le système que vous défendez, enlève en grande partie aux ministres de la religion le droit que vous leur reconnaissez vous-même.*

Pourquoi? et comment cela?

Parce que, d'après ce système, tous les maî-tres seront nommés par le gouvernement, et qu'à lui seul appartiendra de prescrire les li-vres destinés aux écoles.

Vous confondez toujours des choses que nous avons cependant clairement distinguées. Vous ne voyez que des écoles exclusivement catholiques; vous oubliez sans cesse dans quel pays et sous quelles lois nous vivons; Alost et Saint-Acheul ne vous sortent pas de la pensée. Le gouverne-ment, dans notre système, dans le système qui existe, ne nommera que les maîtres de ses éco-les, de ses Colléges, de ses Universités; il ne prescrira que les livres destinés à ses propres établissemens. Il ne se mêlera pas de votre en-seignement religieux.

Si le gouvernement jugeait à propos de nommer des maîtres opposés à la religion ca-tholique, et de faire enseigner des ouvrages contraires à nos croyances, qui pourrait l'en empêcher?

Vous reconnaissez que notre gouvernement

n'agit pas de cette manière; vous déclarez, pour la seconde fois, *que vous ne prétendez vous con- stituer les accusateurs de qui que ce soit;* ce ne sont donc que des abstractions que vous poursuivez! ce ne sont donc que des futurs con- tingens, que des possibilités qui vous effrayent !

Seigneur, tant de prudence entraîne trop de soin :
Je ne sais pas prévoir les malheurs de si loin.

Mais enfin, si la chose arrivait, si le gou- vernement dirigeait l'instruction dans un sens anti-catholique, qu'arriverait-il?

Il arriverait la même chose, ou à-peu-près, que s'il violait la Constitution; que s'il détrui- sait la liberté de la presse; que s'il persécutait les citoyens, etc. etc. Alors il y aurait tyrannie. Mais pourquoi nous épouvanter de ces chimères? il n'y a pas de droit dont on ne puisse abuser. Est-ce une raison pour dépouiller le gouverne- ment des siens, et ne plus lui obéir? Vous savez bien qu'en ce cas même, il serait encore de votre devoir de vous soumettre. Vous, qui connaissez l'Écriture, vous nous dispenserez sans doute de vous la citer ici.

Nous avions établi en principe que, par *éducation*, on ne devait pas entendre l'enseignement simultané de la religion et des sciences, et *cette distinction vous paraît chimérique!* Vous prétendez que, *dans nos Athénées et nos Colléges, on enseigne l'histoire ancienne, l'histoire moderne, les belles-lettres*, et l'on vous a rapporté *qu'on y trouvait beaucoup de livres, beaucoup de pièces de poésie et d'éloquence où la philosophie moderne a glissé son venin.*

Ces faits ne sont pas venus à notre connaissance, et, probablement, vous n'en avez pas non plus acquis la preuve, puisque vous n'en citez aucun, et que *vous ne vous constituez les accusateurs de qui que ce soit;* mais, s'il en était ainsi, ce serait un abus que nous blâmerions, qu'il faudrait faire connaître et que le gouvernement ne souffrirait pas.

Quand vous nous avez demandé *si la stabilité de la religion était bien garantie sous un gouvernement investi du droit de faire enseigner, même indirectement, des maximes contraires à nos croyances*, nous vous avons représenté que le gouvernement n'avait pas ce droit ; que ce serait une inconstitutionnalité, un abus de pouvoir, et que nous serions les premiers à nous y opposer.

Fort bien, répliquez-vous ; *mais pouvez-vous empêcher que ce droit anti-constitutionnel ne découle du principe que vous défendez ?*

Ce n'est pas nous qui l'empêcherons d'en découler, c'est la logique ; un droit anti-constitutionnel n'en est pas un, il ne dérive d'aucun système ; et déclarer que le Prince ne saurait, sans enfreindre les lois, sans trahir ses devoirs, faire enseigner des doctrines contraires aux croyances d'une partie de ses sujets, c'est mettre ces croyances sous la même égide que tous les autres droits politiques ; c'est défendre votre cause.

Le lecteur attentif aura compris facilement que toute la question se réduisait à ce principe

unique et fondamental, qu'il ne faut pas confondre l'enseignement civil avec l'enseignement
religieux ; que le premier appartient de droit au
Souverain, et le second aux prêtres. Vous l'avez
compris vous-mêmes, puisque vous dites que
c'est là *notre grand cheval de bataille* ; et vous
vous abusez étrangement, quand vous regardez
comme chimérique une distinction fondée sur les
plus simples notions du sens commun, distinction naturelle, conforme à nos lois, propre à
concilier toutes les opinions, et qui certainement ne peut pas être fausse en théorie, puisque
depuis long-temps nous la voyons mise en pratique dans une partie de ce royaume.

Nous aurions dit, suivant vous, *que l'autorité ecclésiastique ne peut avoir aucune influence sur l'enseignement des sciences et des
lettres, dans les écoles catholiques.*

Si nous l'avions dit dans ces termes, ce serait une sottise, et nous aurions oublié l'exemple
de Galilée. Ce que nous avons pu dire et ce que
nous pensons, c'est que cette influence, sans

danger peut-être, utile, si vous voulez, dans les pays où l'on ne reconnaît qu'une religion, non-seulement ne doit pas, mais ne saurait, sans renverser le principe de la tolérance, avoir lieu dans les écoles publiques d'un royaume où sont admis „ de plein droit, les enfans de toutes les communions. Nous pourrions ajouter que, même dans les États catholiques, l'indépendance du Souverain et la tranquillité publique ne pourraient que gagner à la mise en pratique de notre système.

Voilà pour l'article du *Catholique*, du 21 mars 1827, N.° 68.

Il poursuit, le 25 suivant, dans son N.° 72, et il dit :

« Nos adversaires croient répondre à tout par la distinction entre l'enseignement civil et l'enseignement religieux; c'est, comme nous l'avons remarqué, *leur grand cheval de bataille :* cette distinction leur paraît fondée sur les plus sim-

ples notions du sens commun ; nous n'y voyons,
au contraire , qu'une vaine subtilité dont il ne
serait pas difficile de trouver le modèle. Nous
croyons avoir démontré que, dans l'éducation,
l'enseignement religieux est inséparable de l'enseignement des sciences et des lettres ; car enfin,
l'instruction, n'importe de quelle science, peut-
elle ou non être religieuse, conforme à la doctrine de la foi, aux règles de la morale , aux
intérêts de la société ? n'a-t-elle jamais été licencieuse, irréligieuse, anti-catholique, anti-
sociale ? Nous ne croyons pas que ces demandes
soient absurdes, et qu'il soit impossible d'y répondre, sans s'écarter du sens commun. Nous
savons qu'on peut reléguer l'enseignement religieux dans les églises et lui fermer les écoles ;
mais peut-on si facilement exclure de celles-ci
l'erreur en matière de foi, l'esprit d'irréligion
et de révolte ? Les thèses des Universités sont là,
les faits parlent. *En concluons-nous que les
prêtres de la communion catholique ont seuls le
droit de régler tout ce qui a rapport à l'ensei-*

gnement? Libre à vous de nous prêter des ab-
surdités ; mais ce qui doit étonner encore, c'est
qu'on veuille nous faire attribuer aux prêtres un
droit exclusif, en même temps que nous prouvons que ce droit exclusif n'existe pas ; c'est
qu'on veuille nous le faire attribuer aujourd'hui !
Non, sans doute, nous ne prétendons rien pour
personne; ce n'est pas à nous à prétendre; mais
nous soutenons que votre distinction n'est qu'une
subtilité vaine et évasive ; qu'elle est démentie
par l'expérience, par le sens commun que vous
invoquez cependant, et par les autorités les plus
imposantes; et certes vous ne récuserez pas celle
que nous allons vous citer. Voici l'article CXL
de la Loi fondamentale des Provinces-Unies des
Pays-Bas, ou Constitution hollandaise : *Chapitre VIII, du culte, de l'instruction publique et
de l'administration des pauvres. —Afin de favoriser la propagation de la religion, vu qu'elle
est un des plus fermes appuis de l'État, et pour
concourir aux progrès des lumières, l'instruction
publique dans les hautes, moyennes et basses*

écoles, est l'objet constant des soins du gouvernement. Le Prince Souverain présente annuel-
lement aux États-Généraux un rapport détaillé
de l'état de ces écoles.

» Voilà donc l'instruction publique reconnue
par les auteurs de la Constitution hollandaise,
comme un moyen de propagation offert à la religion! Que l'on dise encore que ces deux choses
ne vont pas ensemble et que l'une ne sert pas
l'autre! »

Cet article ne nous paraît pas plus fort de
logique que le précédent.

On ne voit, dans notre distinction entre les
deux enseignemens, *qu'une subtilité vaine et
évasive*. Nous pensons qu'on ne voit pas bien.
On croit avoir démontré que ces deux enseignemens sont inséparables. Nous ne croyons pas
qu'on l'ait démontré, et, cette matière n'étant
pas de celles où c'est la foi qui décide, nous at-
tendrons, pour changer d'avis, qu'on nous en
donne des raisons suffisantes. *L'instruction* (on

veut dire l'enseignement) *de n'importe quelle science, peut-elle ou non être religieuse ?* En général, elle peut l'être ou ne l'être pas. Cependant il est des sciences, l'algèbre, par exemple, où il serait difficile de mêler la religion. *L'instruction n'a-t-elle jamais été licencieuse, irréligieuse, anti-catholique, anti-sociale ?* Elle a été licencieuse dans quelques écoles de l'ancien régime, et, en particulier, au Séminaire de Saint-Firmin, de Paris, dont les élèves allaient, en soutane, passer la nuit au Palais-Royal; elle a pu être irréligieuse en France, pendant la révolution, et anti-catholique, depuis la réforme, dans les Universités d'Angleterre, d'Allemagne, de Hollande; elle est anti-sociale à St.-Acheul où le régime constitutionnel est en horreur, où l'infaillibilité du Pape est un article de foi, où l'on enseigne que le pouvoir des Princes est absolu.

Nous n'ignorons pas, nous dit-on, *qu'on peut reléguer l'enseignement religieux dans les églises, et lui fermer les écoles. Mais peut-on si facilement exclure de celles-ci l'erreur en matière de foi, l'esprit d'irréligion et de révolte ?*

Nous n'avons point relégué l'enseignement religieux dans les églises seules, mais dans le sanc-
tuaire des familles, dans les temples et dans les
écoles ecclésiastiques. Quant aux abus qui pourraient se glisser dans les écoles civiles, nous
pensons qu'il est sage de s'en rapporter, pour
les prévenir ou les réparer, à la prudence du
Souverain, à la sollicitude des États-Généraux,
à la probité des magistrats, à la piété des pères
de famille. L'esprit d'irréligion ne peut entrer
dans le système d'aucun gouvernement, et il y
a des lois contre la révolte.

Ce n'est pas assez d'avoir affirmé dogmati-
quement et sans preuves, *que notre distinction
n'était qu'une subtilité vaine et évasive ;* on
ajoute qu'elle est *démentie par l'expérience, par
les autorités les plus respectables ;* et, à l'appui
de cette assertion, on cite l'article CXL de la Constitution hollandaise. Nous répondons : 1.° que
MM. Noël et Cuvier, inspecteurs-généraux de
l'Université impériale, ont vu cette distinction,
établie en Hollande, il y a plusieurs années, au

grand contentement de toutes les communions chrétiennes, et qu'ainsi l'expérience en confirme l'utile application, au lieu de la démentir ; 2.º que nous ne vivons pas sous le régime de la Constitution hollandaise, mais sous l'empire de la Loi fondamentale du royaume des Pays-Bas ; 3.º que si la rédaction de cet article avait paru convenable à notre situation actuelle, le législateur ne l'aurait pas changée ; 4.º que ces mots : *afin de favoriser la propagation de la religion,* signifient, non point que l'enseignement de la religion doit être confondu avec celui des sciences humaines, mais que rien ne lui est plus favorable que l'instruction et les lumières ; 5.º que les ministres protestans n'ont point conclu, de cette disposition de la loi, que la direction des écoles civiles leur appartint, et que, par conséquent, fût-elle restée identiquement la même, le clergé catholique n'aurait pas plus qu'eux le droit de s'en prévaloir.

Voilà donc l'instruction publique reconnue comme un moyen de propagation offert à la re-

ligion par *les auteurs de la Constitution hol-*
landaise!

Nous venons d'en convenir. Nous avons
expliqué comment; et, quoique notre nouvelle
Constitution n'en parle point, il n'y a pas de
doute qu'il n'ait été dans la pensée de nos législateurs de procurer à la religion des motifs de
crédibilité et des moyens de persuasion de plus,
en chargeant le gouvernement de donner à l'enseignement public tous les soins et tous les
développemens dont il est susceptible. Il est
reconnu que les hommes les plus instruits sont
aussi les plus religieux. Un peu de philosophie
conduit à l'incrédulité. Beaucoup de philosophie
ramène à la religion : c'est le motif de la fondation du Collége de Louvain.

Que l'on dise encore que ces deux choses
(l'instruction religieuse et l'enseignement des
sciences) *ne vont pas ensemble, et que l'une ne*
sert pas l'autre!

Pour le dire encore, il faudrait l'avoir déjà
dit. Nous avons, il est vrai, soutenu que ces

deux instructions pouvaient, dans tous les pays, et devaient, dans le nôtre, se donner séparément; mais nous n'avons pas nié le rapport qui existait entr'elles; nous n'avons pas nié qu'elles ne se prêtassent mutuellement secours; nous pensons, au contraire, que la foi ne saurait être trop éclairée; et nous unissons notre voix, toute profane qu'elle est, à celle du vénérable évêque de Trèves, qui dernièrement, dans une instruction pastorale pour le carême, recommandait les études philosophiques aux élèves de son Séminaire, et leur faisait un devoir de ne point négliger des armes si utiles à la défense de la religion.

Encore un mot. Si les ecclésiastiques se croient plus propres que les autres à l'enseignement des sciences, pourquoi s'en éloignent-ils? Ils n'en sont pas exclus, tant s'en faut; plusieurs sont restés à leur poste, et ils y sont honorés : à quoi tient donc l'opposition du grand nombre? A d'honorables motifs sans doute, à des préjugés respectables; mais bien plus encore, et nous le disons pour la justification de notre ancien clergé, à l'influence d'une faction étrangère, aux intrigues d'une Société turbulente qui a juré la ruine de nos institutions, qui égare nos jeunes lévites, et qui a pris pour devise : *tout ou rien.*

La discussion en était là, nous la croyions épuisée, et nous nous imaginions que nos adversaires n'y pensaient plus, quand, après un mois environ de silence, il leur a pris fantaisie de revenir à la charge. Cette fois, ce n'est plus le raisonnement, c'est l'autorité qu'ils nous opposent. Voici ce qu'on trouve dans le N.º 100 de leur journal, à la date du 27 avril 1827 :

« *La religion doit-elle nécessairement faire partie de l'instruction publique?*

» Quoique nous nous proposions de revenir sur cette grande question, et d'appuyer ce que nous en dirons, de preuves sur lesquelles il sera curieux d'apprendre le jugement du *Journal de*

Bruxelles, il ne sera pas sans intérêt, ce nous semble, de rappeler ce qu'a écrit sur ce sujet un homme dont l'autorité ne saurait être décemment récusée par aucun philosophe ou libéral du 19.ᵉ siècle. Ce sera peut-être aussi le meilleur moyen de faire sentir à un personnage éminent, combien on a dû être surpris en l'entendant affirmer, chez une nation presque entièrement composée de catholiques, que *la religion ne fait pas proprement partie de l'enseignement.* C'est du moins la seule réponse que mérite un journal qui continue à s'étonner qu'au 19.ᵉ siècle, on s'obstine à confondre des choses aussi distinctes.

» Les réflexions suivantes sont textuellement extraites des Œuvres du fameux Diderot, édition de 1775 :.

« *Objet de l'éducation en général.* Il s'agit » d'un enfant, il faut en faire un homme, et il » faut que cet homme soit chrétien et citoyen. » (Pag. 45.)

« *Connaissances essentielles.* Elles se rédui-» sent à trois : 1.ᵣ la religion par laquelle nous

» devons commencer, continuer et finir, parce
» que nous sommes de Dieu, par lui et pour
» lui. » (Pag. 51.)

» Je vais jeter une esquisse légère, mais dis-
» tincte, des grands objets de nos sciences et
» des moyens de s'en assurer.

    « *Histoire de la religion.* L'histoire de la re-
» ligion a deux parties : celle du peuple de Dieu,
» laquelle remonte à l'origine des siècles, ce que
» n'a fait aucune autre histoire ; et celle de
» l'Église, qui, remplaçant ce peuple proscrit,
» ne finira qu'avec le monde. L'une contient les
» faits, les lois et les oracles qui ont préparé le
» Messie ; l'autre nous montre la loi nouvelle
» et immuable établie par le Messie et ses apô-
» tres, avec l'oracle toujours subsistant dans
» l'Église, qui explique ses mystères et conserve
» sa doctrine. Les monumens authentiques de
» cette histoire sont, d'une part, les livres sa-
» crés de l'ancien et du nouveau Testament ; de
» l'autre, les décisions des saints conciles-géné-
» raux, et les traditions unanimement reçues

» des anciens Pères. On y ajoute la suite de la
» discipline, des rites et des établissemens di-
» vers, moins essentiels sans doute, puisqu'ils
» peuvent changer, mais qui constituent spécia-
» lement l'histoire ecclésiastique. Voilà les faits
» de la religion et l'objet d'une science sans
» laquelle il n'y eut jamais que de vains et dan-
» gereux raisonneurs. » (Pag. 55 et 56.)

    « *Théorie de la religion.* Si ces réflexions sont
» justes, il s'ensuit qu'il ne peut y avoir de théo-
» rie et plus sûre et plus nette que celle de la
» religion, puisque les faits qui lui servent de
» base, sont décidés et authentiques, *et qu'il*
» *n'est point d'ignorance plus honteuse que celle*
» *de la théologie,* puisqu'il n'est point de science
» plus importante et plus aisée à apprendre.

    » La théologie dogmatique n'est et ne peut
» être qu'une logique saine, appliquée aux faits
» de la religion, pour traiter avec ordre des
» dogmes, de Dieu et de ses mystères, de l'Église
» et de ses Sacremens. Encore même cette mul-
» titude épineuse de questions qu'elle agite, se

» résout naturellement en une seule : Y a-t-il
» sur la terre un tribunal constamment infail-
» lible ? après quoi il ne s'agit plus que d'enten-
» dre ce que ce tribunal a prononcé, et de se
» taire sur le reste. » (Page 60.)

« *Distribution graduelle des études scholas-*
» *tiques. — Sciences nécessaires. — Religion.* Ce
» sera toujours la première leçon et la leçon de
» tous les jours. *Est-il concevable que, jusqu'à*
» *présent, on n'ait pas senti encore que cela*
» *devait être ?* n'est-il pas scandaleux que les
» jeunes gens parlent si hardiment de religion
» dans le monde, et qu'ils en soient si peu in-
» struits? » (Page 77.)

» Diderot entre ensuite dans le détail des ouvrages religieux qui lui semblent propres à être
enseignés aux élèves depuis l'âge de huit ans
jusqu'à seize. Il serait trop long de transcrire ce
qu'il dit sur cette matière ; mais nous ne pouvons
nous empêcher de citer entièrement ses remar-
ques à l'égard des maîtres, quoiqu'elles soient de
nature à donner la *jaunisse au victorieux Jour-*

nal de Gand, et la fièvre tierce à son apologiste
le *Journal de Bruxelles*.

« *Des Maîtres*. Qu'ils jouissent d'une répu-
» tation intacte *du côté de la religion*, des sen-
» timens et des mœurs....... On n'inspire point
» des sentimens nobles quand on a l'ame basse;
» *on prêche mal la religion quand on en manque.* »
(Page 122.)

» Il est tout naturel de choisir les maîtres dans
le clergé. C'est là où le célibat n'est point suspect, parce qu'il est de règle; c'est là où la
doctrine et les mœurs se rencontrent le plus
souvent réunies, parce que leur union y est
nécessaire plus que partout ailleurs.

» Je regarde donc et je ne puis m'empêcher
» de regarder les maîtres occupés de l'éducation
» publique, *comme faisant partie nécessaire du*
» *clergé*, puisque la perfection des facultés de
» l'ame et le développement des talens naturels,
» l'attachement légitime à sa famille et l'obéis-
» sance au Souverain, le zèle pour le travail et
» l'amour de la patrie, les vertus sociales et la

» charité universelle, la connaissance des vérités
» éternelles et la soumission due à l'Église, font
» autant de parties de la religion dans l'état po-
» litique, et que mon plan renferme tout cela et
» rien que cela : puisqu'en conséquence l'édu-
» cation publique étant tellement dirigée au bien
» général que la religion y a partout la première
» place, et que tout y rappelle à la religion, elle
» est en effet le plus grand service que le clergé
» puisse rendre à l'État ; *elle fait donc pour lors*
» *partie nécessaire du ministère de la religion,*
» qui appartient proprement au clergé. C'est
» donc au clergé à fournir les maîtres ; et peut-on
» douter que le clergé, toujours si attentif à con-
» server ses *vraies prérogatives*, ait jamais cédé,
» ou cède jamais à d'autres, qu'avec le plus grand
» regret, une fonction aussi noble que celle de
» l'enseignement public?» (Pag. 124 et 125.)

» On conçoit aisément combien ces idées pa-
raîtront gothiques à certaines personnes. Si, de
nos jours, Diderot écrivait ainsi dans le royaume
des Pays-Bas, n'y aurait-il pas des gens qui re-

garderaient son ouvrage comme dangereux? l'auteur ne passerait-il pas pour un ultramontain bien à craindre? échapperait-il au reproche de jésuitisme? Il est difficile de le croire, maintenant sur-tout qu'il paraît de bon ton aux héritiers du philosophisme, de lancer cette imputation banale contre tout homme pour qui les dogmes ou les pratiques de la religion de nos pères ne sont pas encore l'objet d'une dérision insultante. »

Nous aurions retranché les trois quarts, au moins, de ces fastidieuses citations, si nous n'en avions voulu conserver que ce qui se rapporte à l'enseignement public et au droit de le diriger; mais nous aurions craint de fournir par-là au *Catholique* quelque motif de se plaindre, ou que nous avions tronqué son article, ou que nous avions affaibli ses raisonnemens.

On voit, par son début, qu'il ne croit pas encore la question suffisamment éclaircie, et qu'il se propose *d'y revenir*, sans doute quand il aura trouvé de meilleurs argumens, ou qu'il lui en

sera venu par la poste de Picardie. En atten-
dant, il se contente de nous opposer *un homme
dont l'autorité ne saurait être décemment récusée par aucun philosophe ou libéral du dix-
neuvième siècle, le fameux Diderot.*

Nous avouons notre ignorance ; nous n'avons
point lu les ouvrages de ce grand homme ;

> . . . . Docteur en style obscur,
> Qui passe pour sublime à force d'être obscur,

et nous ne savons d'ailleurs ni dans quelles intentions ni pour quelles circonstances il a proposé un système d'éducation publique ; on conçoit qu'un tel système, fait à certaine époque,
et destiné à tel ou tel peuple, doit se modifier
par mille considérations particulières, et qu'en
pareil cas, la bonté d'une institution dépend
moins de sa perfection en elle-même, que de la
possibilité et de la facilité de son exécution. Il
faudrait donc qu'on nous expliquât pourquoi
et pour qui, Diderot a proposé son plan ; mais,
quand il serait certain qu'il a parlé en général,

et qu'il n'a dit, indépendamment de toute cir—
constance donnée, que ce qu'il pensait réellement
sur l'éducation, son autorité n'en est point une
pour nous, et, tout philosophe, tout libéral que
nous sommes, nous ne nous croyons pas plus
responsable de ses opinions, que nos adversaires,
qui se sont avoués jésuites, ne peuvent l'être des
doctrines d'Escobar. Nous ne jurons sur la parole
de personne, et ce n'est pas nous qui croyons à
l'infaillibilité humaine. Il y a des gens qui ne
trouvent ce qu'ils pensent, que dans les autres;
il y en a qui vont chercher leurs opinions jusque
dans de petites brochures imprimées à Anvers (1)
ou à Lyon. Nous n'allons pas chercher les nôtres
si loin. Nous les trouvons dans le simple bon sens.

Ce n'est pas que nous n'admettions aucune des
idées de Diderot sur l'éducation; nous pensons
avec lui qu'elle a pour objet, en général, *de*

(1) Le premier article du *Catholique*, sur l'enseignement dans les Pays-Bas, est extrait d'une de ces
brochures imprimées et distribuées *gratis* à Anvers.

*faire d'un enfant un homme, et de cet homme
un citoyen et un chrétien.* Nous adoptons tout
ce qu'il dit *de la religion, de son importance,
de son histoire, de sa théorie ; qu'il n'est pas
d'ignorance plus honteuse que celle de la vraie
théologie ; qu'on prêche mal la religion, quand
on en manque ; que la religion doit être la première leçon et la leçon de tous les jours ; qu'il
est scandaleux que les jeunes gens parlent si
hardiment de religion dans le monde, et qu'ils en
soient si peu instruits.* Seulement nous ferons
observer au *Catholique,* que ces vérités sont
étrangères à la question, et qu'en les admettant toutes, il s'en suivrait qu'en France, dans
l'ancien régime, quoique tous les établissemens
publics d'instruction fussent soumis à l'autorité
ecclésiastique, les jeunes gens n'y étaient pas
aussi instruits dans la religion qu'ils devaient
l'être.

Diderot ajoute *qu'il est tout naturel de choisir
les maîtres dans le clergé ; qu'il ne peut s'empêcher de regarder les maîtres occupés de l'édu-*

*cation publique, comme faisant partie nécessaire
du clergé; que l'éducation est inséparable du
ministère de la religion, qui appartient proprement au clergé; enfin, il ne croit pas que le
clergé, toujours si attentif à conserver ses vraies
prérogatives, ait jamais cédé, ou cède jamais
à d'autres, qu'avec le plus grand regret, une
fonction aussi noble que celle de l'enseignement
public.*

Il y a là-dedans du vrai et du faux. Il est
vrai que le clergé ne cédera jamais à d'autres,
qu'avec le plus grand regret, une fonction aussi
noble que celle de l'enseignement public; on nous
en donne la preuve tous les jours. Il est vrai que
le ministère de la religion appartient proprement
au clergé; mais il est faux que l'éducation publique en fasse une partie nécessaire; il est faux
qu'il soit naturel de choisir exclusivement les
maîtres dans le clergé. L'usage n'en est pas une
raison suffisante; il ne prouverait que l'ignorance des temps passés; que l'empiètement du
spirituel sur le temporel; et d'ailleurs, il n'a

pas toujours eu lieu. Les professeurs de l'Université de Paris, mère de toutes les autres, et fille aînée des Rois de France, étaient laïcs pour la plupart; aujourd'hui, sous Charles X, ils le sont encore en très-grand nombre; ils le sont dans presque toutes les Universités de l'Europe. Le célibat que fait valoir, en faveur du clergé, l'auteur de *la Religieuse*, loin d'être un titre naturel à l'enseignement, est une condition contre nature; mais, par cela seul qu'elle est une exception aux devoirs de la vie sociale, elle rend moins propre à les apprécier, à en prescrire les règles; ce n'est point en abjurant la paternité, qu'on se rend plus habile à remplir la plus auguste des fonctions d'un père ; il y a dans la famille des rapports que ne peuvent saisir ceux qui renoncent à en avoir une; et il nous semble que c'est à ceux qui ont des enfans, qui les ont élevés, qui ont senti avec quelle tendresse, quelle patience, quelle précaution il faut cultiver et diriger ces jeunes plantes, qu'il appartient de former les enfans des autres. Non – seulement donc le philosophe Diderot n'est point pour nous une autorité irrécusable, mais nous prouvons qu'il se trompe dans le point unique où il se trouve en contradiction avec nous. Que le *Catholique* s'appuie des idées d'un incrédule, lui qui dernièrement accusait le savant et respectable M. Schrant, d'avoir, le Vendredi-Saint, commenté J.-J. Rousseau, dans un *sermon* académique, tandis qu'il n'avait fait qu'en citer un mot sublime, non point dans l'exorde d'un *sermon*, mais dans la péroraison d'un discours littéraire sur la mort de Socrate, comparée à celle de Jésu   Christ; qu'il appelle à son aide le démagogue Cobbett, de protestant devenu ultramontain; quand on ne sait plus comment se défendre, on ne refuse aucun appui; on recourt à toutes les armes : *furor arma ministrat.* Nous n'en sommes pas réduit à cette extrémité; nous n'avons pas besoin d'auxiliaires, et moins encore d'auxiliaires de cette espèce. Notre cause est toute simple; nous la défendons avec calme; et quelle que soit la force des argumens que notre

7.

adversaire prépare ou qu'on doit lui fournir contre notre opinion, nous doutons que ses preuves soient jamais assez convaincantes et ses attaques assez vigoureuses pour nous faire gagner la *jaunisse*, ou donner la *fièvre tierce* au *Journal de Bruxelles*. La *jaunisse* est un symptôme d'envie, et ce n'est point là le sentiment que nous inspire le *Catholique*. La *fièvre tierce* pourrait être l'effet de la peur, et le *Journal de Bruxelles* n'aurait peur que d'ennuyer les honnêtes gens, en répondant à des injures.

Notre antagoniste a tenu parole. Il poursuit, dans son journal des 29 avril, n.º 102, 3 mai, n.º 104, et 6 mai, n.º 108, les argumens et les citations auxquels il a préludé, le 27 avril, par un passage de Diderot qui ne prouve rien.

Peut-être cette suite paraîtra-t-elle un peu longue, un peu diffuse ; mais, que nos lecteurs nous le pardonnent, nous aimons mieux leur causer un moment d'ennui, que de les priver d'une seule phrase de ces Messieurs ; quelque persuadé que nous soyons qu'en les abrégeant, nous ne leur ferions aucun tort, comme ils seraient probablement d'un autre avis, nous ne voulons pas, si notre réfutation venait à leur tomber entre les mains, leur enlever le plaisir de s'y retrouver tout entiers. Tous les pères aiment leurs enfans, et, sous ce rapport, *les pères de la Foi* ne le cèdent point aux autres.

« C'est, disent-ils, une entreprise bien infructueuse et tout à la fois bien impolitique, de vouloir accréditer ce paradoxe du droit *exclusif* de l'enseignement public, dans un pays encore teint du sang que cette fausse maxime y a fait répandre sous Philippe II et sous Robespierre : c'est un vrai délire pour ces révolutionnaires étrangers qui reçoivent ici l'hospitalité et la sûreté qu'ils ne trouvent pas ailleurs, que de se nourrir du fol espoir qu'ils pourront l'accréditer aujourd'hui sous un Souverain protestant et sous une Constitution qui garantit à tous la liberté des opinions religieuses, la protection ou le pai-

sible exercice de leur culte. Comment peuvent-
ils ignorer que ce paradoxe n'est pas moins
proscrit par les protestans que par les catholiques, que les uns et les autres le condamnent
comme incompatible avec une religion quelconque, comme subversif de tout système d'instruction, et comme dangereux pour la sûreté
de l'État et pour la tranquillité publique?

» L'enseignement de la jeunesse est la base
de toute religion dont le caractère essentiel est
la stabilité; et quelle stabilité peut-on concevoir
qui dépendrait du caractère particulier de chaque
Prince régnant, dépendant lui-même du hasard,
comme les bonnes et les mauvaises saisons, ainsi
que s'exprime élégamment Tacite (1)? Si l'on
veut forcer les dissidens d'envoyer leurs enfans
à ces établissemens exclusifs, par la peine d'inhabileté aux emplois et aux fonctions, n'est-ce
pas vouloir que cette jeunesse débute dans la
carrière par un parjure et une infidélité à sa

(1) Tacit. lib. 4, hist. cap. 74.

religion? Traître à son Dieu , sera-t-elle loyale
à son Prince?

» Sans parler de l'état présent de cet enseignement exclusif, bornons-nous à considérer
qu'il est manifestement réprouvé par le chef de
la religion et le clergé catholique ; que les débats des États-Généraux ont laissé apercevoir
des indices de défiance, et que le décroissement
subit du nombre de 1960 à 660 étudians internes, en 1826, suivit immédiatement la suppression inattendue des petits Séminaires et des
Colléges : tous ces faits déterminent assez éner-
giquement le degré d'inquiétude que le nouveau
système inspire aux trois classes des sujets catholiques, c'est-à-dire, à la grande majorité de
la population du royaume. Or, quels avantages
peut-on raisonnablement espérer d'un tel état
de choses, et combien cet avenir devient-il
soucieux, lorsqu'on considère ensuite que ce
prétendu droit exclusivement royal ou souverain
n'a pas plus été reconnu par les protestans que
par les catholiques?

» Sans remonter aux diverses époques des troubles religieux qui ont agité les Provinces-Unies, l'on se rappelle encore les divisions qu'a fait naître entre les Etats-Généraux et les Provinces particulières de l'Union, entre ceux-ci et le clergé protestant, la *formule de prière prescrite par les États-Généraux comme représentant la souveraineté* (1); que si les protestans ont contesté à la souveraineté le droit de prescrire une formule de prière, on ne s'étonnera pas de les voir, tantôt, refuser comme incompatible avec leur religion et dangereux pour la tranquillité publique, le système du droit d'enseignement exclusif attribué au roi.

» Il en résulte d'abord que ce prétendu droit exclusif n'est pas moins nuisible aux intérêts de la souveraineté qu'à ceux de la religion, et qu'en l'examinant avec calme et impartialité, on doit le regarder comme un brandon jeté entre l'empire

______

(1) Voyez, sur cette question de la compétence : *Binkershoeck*, quæst. Juris. publici. Lib. 2. cap. 17 et 18.

et le sacerdoce par un parti non moins ennemi de l'un que de l'autre, et maintenant reconnu comme l'auteur de toutes les révolutions qui depuis un siècle ont bouleversé l'Europe. On concevrait un si long aveuglement, si ce paradoxe avait été soutenu à la faveur d'une démonstration sophistique et séduisante; mais il est inconcevable qu'on ne se soit pas encore aperçu que toute l'illusion qui a pu jusqu'ici fasciner les yeux est due uniquement à la tactique de la propagande des lumières. Elle consiste, cette tactique, à proclamer hardiment une proposition quelconque, à la répandre aussitôt par tous les journaux comme un axiome incontestable, à jeter le ridicule sur tous ceux qui oseraient la soumettre à un examen, afin d'en reconnaître la vérité; pour faire diversion à une discussion de ce genre, on commence par incriminer et discréditer, à force de déclamations gigantesques et vides de sens, comme s'exprimait Montesquieu, tous ceux qui par amour du bien public et de la vérité, tous ceux qui par devoir et par conscience, ont assez de courage

pour combattre ces maximes dangereuses. Cependant le venin se propage, il atteint une jeunesse présomptueuse et sans expérience, le troupeau des dupes hurle avec les loups, et le vulgaire
ignorant finit par croire, parce qu'il ne voit paraître aucune réponse aux calomnies que l'on in-
vente. Il ne voit pas que ce silence est forcé, et
que la partie essentielle de la tactique de ces
nouveaux docteurs du genre humain, est d'éviter
toute discussion, de prévenir ou d'étouffer toute
contradiction, en imposant silence à leurs adversaires, par des mesures pénales et par des menaces.

» Le paradoxe de l'enseignement exclusif fut,
dès la naissance de la secte des prétendus propa-
gateurs des lumières, une de leurs maximes fon-
damentales ; après des essais infructueux sur la
génération présente, ils ont senti que, pour per-
pétuer leurs funestes doctrines, ils avaient besoin
d'en imbuer la génération nouvelle, en s'empa-
rant, sous le nom du Prince, du privilége exclusif
de l'enseignement. Pour surprendre la religion
d'un Roi assez généreux pour leur accorder un

asile que leur refusaient toutes les puissances
du continent, ils lui ont représenté la Belgique
catholique plongée dans une ignorance profonde,
que démentent encore tous les jours les discours
éloquens et solides de nos députés catholiques,
et cette ignorance, ils l'attribuaient à l'influence
du clergé catholique sur l'enseignement public.
On fit donc proposer par l'Académie des Sciences
et Belles-Lettres de Bruxelles, pour le concours
de 1822, la question de savoir « quel avait été l'état
» des écoles depuis Charlemagne jusqu'à la fin
» du XVI.ᵉ siècle ? » Aucun mémoire n'ayant été
envoyé au concours, on en tira une nouvelle
preuve de l'ignorance des Belges. Mais pour préparer les voies à la proclamation de leur principe du droit exclusif sur l'enseignement, et afin
de pouvoir l'appliquer plus tard à l'organisation
des écoles, ils avaient fait précéder cette dernière question de deux autres « sur le titre au-
» quel les ecclésiastiques et le Tiers-État avaient
» eu séance aux États-Provinciaux et Généraux
» en Belgique. » Il fut répondu à ces deux ques-

tions ; mais aucun des mémoires ne fut couronné ni rendu public, et la raison s'en devine aisément.

» Ce n'est donc pas par cause d'ignorance que la question sur *l'état des écoles* est demeurée sans réponse, mais uniquement par le dégoût que l'on éprouva de voir que les questions proposées au concours semblaient dictées dans un esprit que ne prennent pas pour guide ceux qui ne cultivent l'histoire que par amour de la vérité et pour l'instruction de la patrie. Était-il en effet si difficile de répondre à la question sur *l'état des écoles* ? Il l'était d'autant moins que déjà M. Du Rondeau y avait répondu par un excellent mémoire, couronné par l'ancienne Académie en 1775 ; ce mémoire, inconnu peut-être à nos nouveaux professeurs étrangers , est connu de tout Belge tant soit peu instruit.

» On y voit que les Druides, qui formaient le clergé de la Gaule païenne, « enseignaient *exclu-* » *sivement* la théologie, l'astronomie, la cosmo- » graphie, la musique, la poésie, la jurisprudence

» et la médecine. » Qu'ainsi les Gaulois païens étaient convenus que la crainte de Dieu, qui est la source et la base de *toutes* les sciences, doit nécessairement entrer dans l'enseignement de *toutes* les sciences, indistinctement et sans égard au récent subterfuge de distinguer entre l'enseignement *civil* et l'enseignement *religieux* (1). On y voit que, sous Clovis, les évêques dirigeaient exclusivement l'enseignement; et que leurs palais tenaient lieu de Séminaires (2); que, sous Charlemagne, les écoles étaient dans les monastères, et que l'empereur ordonna à tous ses sujets d'y envoyer leurs enfans (3); que les écoles claustrales furent protégées par les rois Childebert en 554 (4), par Guntramne en 553, et par Pépin en 755 (5).

» La ligne de démarcation où doivent s'arrêter les droits des deux puissances s'y trouve déjà

(1) Mém. pag. 95.
(2) Ibid. pag. 110.
(3) Schola sive monasterium, ibid. pag. 45.
(4) Capitul. T. I, col. 6 et 7.
(5) Ibid. pag. 11.

nettement tracée , telle qu'elle existait encore dans les Pays-Bas, à l'époque où les lois révolutionnaires sont venues tout confondre et tout renverser : la part de la puissance spirituelle était l'enseignement et les mœurs, *de doctrina et moribus*, la puissance temporelle avait pour elle la protection et l'appui du bras séculier (1).

« Ces premiers rayons d'une législation naissante dissipent déjà toute apparence d'un droit royal *exclusif* sur l'enseignement ; ce concours de peines *spirituelles* et de peines *légales* annonce déjà tout au moins l'existence de deux pouvoirs *concursifs* et *coërcitifs*, dont le plus faible ne

(1) Convenit ergo , ut justitiæ et æquitatis in omnibus vigore servato , distringat legalis ultio judicum , quos non corrigit canonica prædicatio sacerdotum. *Capitul.* pag. 157, *in præf. et art.* 3. Enim vero quicumque sacerdotum vel sæcularium intentione mortifera perdurantes, crebrius admoniti , se emendare neglexerunt , juxta quod causarum aut excesso ex personarum exegerint ; « alios canonica severitas corrigat, alios legales pœnæ percellant. » *Capitul.* *T.* 1. col. 11.

pourrait jamais être réduit au rôle auquel, par
grâce, on voudrait bien abaisser aujourd'hui le
pouvoir de l'Église, celui de *partie plaignante* ou
de *dénonciation* vis-à-vis du plus fort. Charlemagne confirma ces ordonnances de ses prédécesseurs, en 779 (1), et pour consolider ce qui
était établi, il donna en 788 sa Constitution pour
l'établissement des écoles dans chaque diocèse et
dans chaque monastère (2). Il y charge l'abbé
Rangulfe d'exhorter, *hortamur*, en son nom, les
évêques et les abbés d'établir dans chaque palais
épiscopal et dans chaque monastère des écoles
dans lesquelles, outre les principes de la religion,
on enseignât les *belles-lettres*, *etiam in littera-
rum meditationibus discere possint*. Il veut qu'à
cet effet on choisisse des professeurs capables,
et il insiste sur la nécessité de cet enseignement
simultané (*præter*) des principes de la religion

(1) Capitul. T. I, col. 197, cap. 12.
(2) De scholis per singula episcopia et monasteria ins-
tituendis. Capitul. Tit., col. 301.

et des belles-lettres, sans afficher la moindre
prétention au droit de nommer les professeurs;
loin même de prétendre à cette nomination *exclusive*, il en reconnaît le droit aux évêques :
ut eligantur.

» L'année suivante, l'empereur assemble à
Aix-la-Chapelle les évêques et les supérieurs des
monastères, en sa qualité *de protecteur et de coad-
juteur de l'Église :* et là, s'adressant à tous les
ordres du clergé, *omnibus ecclesiasticæ pietatis
ordinibus*, il leur parle en ces termes : « O vous
» pasteurs et gardiens du troupeau de J.-C., je
» vous *exhorte* à veiller sans relâche à ce qu'au-
» cun de vos ouailles ne transgresse *les sanctions
» canoniques* et ne s'écarte des *traditions pater-
» nelles et des conciles universels :* comptez sur
» ma *coopération efficace ;* des commissaires nom-
» més par moi et agissant en vertu de mon au-
» torité, travailleront avec vous, *unâ vobiscum,*
» pour corriger tous les abus : je vous transmets
» de plus quelques extraits des sanctions cano-
» niques, qui pourront vous être nécessaires;

» n'envisagez pas, je vous prie, comme une pré-
» somption de ma part, que je m'entremette à
» corriger les abus ; car je ne vous adresse ces
» extraits des sanctions canoniques, qu'afin que
» vous les fassiez vous-mêmes, et qu'au besoin
» vous contraigniez les autres à les observer :
» admonendi et adhortandi sunt imo et com-
» pellendi (1).

» La nature du concours des deux puissances
sur l'enseignement public, est encore plus clairement déterminée par Charlemagne, en son
capitulaire 4.ᵉ de l'année 806, aux chap. 2 et 4,
intitulés l'un : de Potestate episcoporum ; l'autre : de Concordia episcoporum et comitum. Le
premier porte que tous les évêques doivent, en
vertu de leur pouvoir et de la règle canonique,
enseigner et exercer leur ministère, tant dans
le ressort des monastères d'hommes et de fem-
mes, que dans les presbytères, et parmi tout le
peuple de Dieu (2). L'autre règle le concours des

(1) Capitul. T. I., col. 269.
(2) Ut omnes episcopi potestative secundum regulam

évêques et des comtes de manière à ce que les uns et les autres puissent remplir pleinement leur ministère (1).

» On pourrait aisément multiplier ces preuves, mais nous croyons que celles-ci offrent déjà un écueil, dont on ne prévoit pas comment les nouveaux docteurs pourront retirer leur système du droit *exclusif* sur l'enseignement ; car, en ce qui regarde spécialement le ministère des évêques sur l'enseignement, ministère que les comtes et les commissaires impériaux doivent soutenir et favoriser, Charlemagne désigne quelques objets qu'il recommande en particulier à la plus sérieuse attention et à la surveillance *des évêques*, non pas en leur commandant en vertu d'un pouvoir *exclusif*, mais en leur demandant et en les exhortant (2); c'est d'abord qu'ils éta-

canonicis... doceant et regant eorum ministeria, tam in monasteriis virorum quam puellarum, vel in forensibus presbyteris seu *reliquo populo Dei.*

(1) Episcopi cum comitibus et comites cum episcopis stent ut uterque plenum suum ministerium peragere possit.

(2) Capitul. T. I, col. 237, cap. 70. Sed et hoc flagitamus vestram almitatem.

blissent des écoles tant pour les enfans des serfs que des hommes libres (1); c'est ensuite qu'ils examinent scrupuleusement les livres employés dans ces écoles, afin de prémunir les enfans contre toute séduction.

» Tel est le plan primordial de l'enseignement public dans les Gaules chrétiennes. Rédigé *selon les sanctions canoniques et les traditions paternelles des conciles universels,* ce plan est arrêté et consolidé par le concours unanime de l'Empereur, de l'Église et des États-Généraux. On y voit établi le *droit* et le *pouvoir* qu'ont les évêques d'agir *(potestative)* sur la *doctrine* et les *mœurs;* d'ériger des écoles ou d'en homologuer *l'érection;* de former les écoles d'enfans, aussi-bien que celles des *belles-lettres et sciences;* d'approuver ou de rejeter les *livres* et les *principes d'enseignement;* d'en écarter tout ce qu'ils jugeront propre à corrompre la jeunesse; d'examiner et d'approuver les professeurs; de con-

(1) Ut scholæ legentium puerorum fiant.

8

traindre et de destituer les récalcitrans ; de faire
au surplus tout ce qu'à cet égard ils jugeront
nécessaire : *Et quæcumque vobis alia necessaria
esse scitis* (1).

» De son côté l'Empereur leur promet, pour
l'exécution de *leur ministère* à cet égard, de les
protéger, de les *favoriser* et de les *appuyer* du
bras séculier, en chargeant ses comtes de punir
des *peines légales,* tous ceux que n'arrêteraient
point les *peines spirituelles ;* et il déclare que
c'est dans ce partage des deux pouvoirs que consiste la concorde de l'empire et du sacerdoce :
Concordia episcoporum et comitum.

» Charlemagne songeait si peu à s'arroger le
droit *exclusif* sur l'enseignement, qu'ayant érigé
en 794 dans son propre palais cette école si
justement célèbre, il demanda au Pape un gram-
mairien, et ayant appelé de la Grande-Bretagne,
Alcuin, Eginhard et Eldehold, il les présenta
avant *leur installation* au synode de Francfort,
pour obtenir l'agréation des évêques (2). C'est

(1) Capitul. T. I, col. 209 et 210.
(2) Capitul. T. I, col. 270, art. 54.

(115)

sur le même pied qu'en 804 fut érigé le nouvel
évêché d'Osnabruch.

» Il serait superflu d'entrer plus avant dans
l'histoire et d'accumuler les preuves de cette organisation de l'enseignement public, attendu que
la perpétuation de ces principes subsiste, et que
nous les retrouvons encore les mêmes dans les
édits de nos Princes et nos synodes provinciaux.
C'est ce que nous établirons dans le prochain N°.
Nous augurons trop bien des Belges catholiques
pour croire que ces détails, dans lesquels la discussion présente nous entraîne nécessairement,
puissent leur déplaire. Ceux-là seulement les
trouveront ennuyeux, qui redoutent la lumière
qui doit en rejaillir sur la question qu'ils s'ef-
forcent d'obscurcir, par la confusion et l'irré-
gularité qu'ils mettent dans leurs attaques.

» Avant la sécularisation des chapitres cathé-
draux, les classes d'enseignement étaient divisées
en *supérieures* et *inférieures* (1); les premières

(1) *Majores et Minores.*

comprenaient les Universités, toutes instituées par l'autorité du Saint-Siége, sur la demande du Souverain et des États; elles comprenaient aussi les Séminaires, les petits Séminaires, les Colléges dirigés, comme anciennement, par les monastères, ou fondés par des villes, des communautés, par des Souverains ou par des particuliers.

» La direction et la nomination aux places de professeurs appartenaient, pour les Séminaires et petits Séminaires, *exclusivement* aux évêques. Cette direction variait, pour les Colléges des *humaniora*, suivant la teneur des lettres de fondation; mais nul ne pouvait y enseigner sans l'examen et l'approbation préalable de l'évêque; ce que nous disons est notoire, général et conforme à tous les conciles et à nos édits (1).

» Il y a si loin pour l'Église de s'être écartée

(1) Analyse des conciles, tom. 3, verbis : *écolâtre, école*. Édit de Charles-Quint du dernier juin, 1546, aux édits de Flandre, t. 4, fol. 140, où il reconnaît « que » d'ancienneté, les chapitres et les écolâtres *ont eu la* » *surintendance des écoles.* »

de l'organisation primitive de l'enseignement public, qu'on l'a vue constamment retenir les écoles d'enfans, *scholas puerorum*, telles qu'elles étaient sous Charlemagne (1), et leur apprendre, outre l'art de lire et d'écrire, les élémens de la religion, toujours *simultanément*. C'est sur ce dernier point qu'insistent spécialement les ordonnances de nos synodes archiépiscopaux de Cambrai et de Malines : et la raison qu'en donne Van Espen même, c'est que « l'expérience avait » appris, qu'en séparant l'enseignement civil de » l'enseignement religieux, l'on négligeait sou- » vent d'instruire les enfans dans les principes » de la foi. »

» Cet enseignement *simultané* de la religion et des sciences, dont Charlemagne avait senti le besoin pour former la jeunesse dans les principes de la religion et des mœurs, que Charles-Quint rappelle dans son édit du dernier juin,

(3) Les *journalières*, pour les enfans moyennés, et les *dominicales* pour les pauvres, auxquelles Charlemagne fit admettre les enfans des serfs.

1546, fut consolidé à perpétuité par nos synodes et par l'homologation de nos pieux Souverains (1). Par l'art. 19 de cet acte d'homologation « ils *ordonnent* à leurs officiers et magis-
» trats de prêter (à l'exemple de Charlemagne),
» aux évêques et à leurs députés, toute assistance
» et appui pour l'érection de ces *écoles domi-*
» *nicales, in erigendis scholis dominicalibus ,*
» tant pour leur procurer les fonds nécessaires,
» que pour pourvoir les maîtres et les maîtresses
» d'un traitement convenable. » Cette ordonnance peut-elle aucunement cadrer avec l'idée d'un *pouvoir souverain exclusif* sur l'enseignement public? Du reste, l'ordonnance rend le même hommage à la distinction des deux pouvoirs; et c'est ici le lieu d'observer que cette distinction consacrée *par les sanctions canoniques et les traditions des conciles universels ,* depuis la naissance du christianisme, n'éprouva jamais de réclamation de la part de nos Souverains catholiques; ils la respectèrent, comme elle fut res-

(1) Edits de Flandre, liv. II, pag. 125.

pectée par toutes nos lois constitutionnelles et
nos *Joyeuses Entrées* (1). Lors de la capitulation
de l'année 1706, garantie par les deux puissances
maritimes et ratifiée par S. M. Charles VI, la
Flandre ne reconnut la souveraineté de la maison d'Autriche, que sous la restriction formelle
que rien ne serait changé dans l'ecclésiastique :
quand, par le traité de Reichenbach, conclu en
1790, sous la garantie de l'Angleterre, de la
Prusse et de la Hollande, l'empereur Léopold an-
nula toutes les innovations forcément introduites
dans l'exercice de la religion catholique par l'empereur Joseph II, il déclara rétablir *les évêques
dans la direction et pouvoirs qu'ils exerçaient
sur la fin du règne de S. M. l'impératrice Ma-*

(1) Le serment inaugural du comte de Flandre porte :
« Ghy sweert te wezen rechtveerdig ende souverain
heere ende graeve van Vlaenderen ende den toebe-
hooiten des selfs lands, de *rechten van onze Moeder
de H. Kerke* in 't voorschreven land van Vlaenderen
in peys, recht en justitie te onderhouden en doen
onderhouden. »

rie-*Thérèse* (1). Et maintenant, à l'entrée des
hautes puissances alliées, le clergé de la Belgique fut déclaré « *conformément aux vues bien-
veillantes des hautes puissances alliées*, pleinement affranchi de toutes les entraves mises à
l'exercice de la religion catholique, apostolique
et romaine, *et replacé sous les lois canoniques
de l'Église et les lois constitutionnelles du
pays* », par lettres adressées aux évêques et vi-

(1) Publié au conseil de Flandre le 27 juin 1791,
art. 1.er : « Dat om te voldoen aen het gevoelen on-
» trent verscheyde puncten *van discipline in gees-
» telyke* materie aen de welke de legislatie van de Ne-
» derlanden heeft toegebracht eenige veranderingen
» onder het laeste ryks gebied met insighten, waer
» van de zuyverheyd is miskend geweest, S. M. wilt
» wel wederroepen *alle de ordonnantien* raekende de
» *seminarien, de processien en eenige andere oef-
» feningen van godvruchtigheyd*, de broederschap-
» pen, enz., *en alle deze voorwerpsels wederom stel-
» len onder de onmiddelyke bestieringe van de
» biscoppen, met alle de vermogens, de welke zy
» waeren oeffende op het eynde van het ryks gebied
» van H. M. Maria-Theresia*. »

caires-généraux, du 7 mars, 1814, insérées au *Journal officiel, tome I, pag.* 61.

» Or l'enseignement public fait certainement la partie la plus essentielle de la *discipline ecclésiastique* et de *l'exercice du pouvoir épiscopal* suivant *les sanctions canoniques et les traditions paternelles des conciles universels.*

» Nous ne demandons donc pas comment *l'exercice* de ce *pouvoir* épiscopal, garanti par l'art. 193 de la Loi fondamentale, peut se concilier avec le système de ce droit royal d'enseignement *exclusif*; mais nous osons demander à tout homme raisonnable, comment un catholique romain peut reconnaître ce *pouvoir exclusif*, sans violer sa profession de foi (1) et sans se mettre en opposition contre la *discipline de l'Eglise?*

» Mais ne faisons pas cette demande à un catholique; demandons à un protestant, à un calviniste, à un luthérien, à tout autre acatholique,

______

(1) « *Apostolicas et ecclesiasticas traditiones re-*
» *liquasque ejusdem Ecclesiæ observationes, cons-*
» *titutiones firmissime admitto* et *amplector.* »

si sa religion lui permet de reconnaître à son Souverain, *le pouvoir exclusif de l'enseignement :* non-seulement il le niera, mais il répondra qu'un tel pouvoir est incompatible avec une religion quelconque, parce que la stabilité est de l'essence de toutes.

» C'est ce qu'enseignent le savant Gérard Noodt, docteur ès-droits en l'Université de Leyden, dans une dissertation spéciale (1), et Boëhmer en son *jus canonicum protestantium* (2).

» L'autorité du Prince, dit Noodt, et après lui, Boëhmer, est grande et supérieure dans les affaires *civiles ;* mais, dans les affaires *religieuses,* elle ne va pas au-delà des autres, *non supra cœteras ;* et s'il se permet de *prescrire des règles à cet égard et d'en ordonner l'observation,* sous certaines *peines,* il empiète sur l'empire d'autrui, c'est-à-dire, de Dieu : *Divini, id est, alieni rem attingit....* » Il poursuit et démontre ensuite com-

(1) Dissertatio 4a. de religione *ab imperio libera*, jure gentium, opera omnia, T. I, pag. 624.
(2) Tom. 1, pag. 37.

bien cette maxime du pouvoir royal *exclusif sur
l'enseignement public est anarchique et subversive de toute* religion, et que de ce chef seul,
elle est repoussée par le *droit des gens*.

« L'instruction de la jeunesse, dit-il, forme
» le cœur aussi efficacement que pourrait le faire
» la raison dans l'âge mûr; si donc l'on devait
» reconnaître dans un Prince *le droit exclusif*
» *de l'instruction publique*, sur-tout dans les
» États de religion mixte, il dépendrait du Sou-
» verain *de faire qu'on pénètre la jeunesse des*
» *principes de la religion qu'il professe ou de*
» *toute autre qu'il lui plairait*. Et puisque le
» cœur des Princes est fait comme celui des
» autres, que d'ailleurs les trônes s'élèvent, se
» changent et disparaissent; quelle stabilité
» pourrait-il y avoir pour une religion quel-
» conque avec ce droit souverain d'enseignement
» exclusif? un Constantin pourrait succéder à
» un Néron; une Marie Stuart à un Edouard....
» comme de nos jours nous avons vu succéder
» un Louis XVIII à une République Théophi-
» lanthropique. »

» Boëhmer renchérit encore sur l'absurdité de ce paradoxe anarchique : « Les peuples, dit-
» il, en se réunissant en société, *n'ont pas même*
» *le droit* de soumettre leur opinion religieuse à
» la volonté du Prince, parce que le pouvoir sur
» les consciences et les opinions appartient à
» Dieu seul. » Telle est aussi la doctrine de Grotius.

» Les partisans de ce droit exclusif se trouvent donc étrangement trompés dans leur attente, s'ils se sont flattés de voir les protestans, nos concitoyens, sourire à la lutte dans laquelle les catholiques se trouvent malheureusement engagés. On a vu qu'ils n'ont pas moins en horreur que nous ce droit exclusif de l'enseignement, et qu'ils le regardent avec raison comme autant subversif de leur religion, qu'il devrait l'être de la religion catholique ; on a vu enfin que, par la raison de l'intérêt commun de toutes les religions, ce dogme anarchique est réprouvé par le *droit des gens*.

» Aussi tout annonce que les zélateurs de ce

système sont ces mêmes étrangers, sans religion ou indifférens à toutes, qui, pour prix d e
l'asile et de l'hospitalité dont ils jouissent parmi nous, ont jeté ce brandon de discorde au
milieu de notre paisible patrie. Mais quels qu'ils
soient, quelle est la source où ils ont puisé
cette doctrine et sur quels moyens prétendent-
ils l'établir? C'est là ce qui nous reste à examiner et où nous achèverons d'éclaircir cette
question importante.

» Nous avons dit qu'il n'entrait pas dans la
tactique de nos nouveaux docteurs, de s'engager
dans une discussion régulière : en effet, tandis
qu'ils avancent hardiment leur paradoxe comme
une vérité incontestable, on les voit en même
temps occupés sans relâche à décréditer dans
l'opinion publique et à intimider même ceux
qu'ils combattent ; ainsi, blâmer les principes
religieux des catholiques, jeter du ridicule sur
leurs pratiques, appeler le mépris sur leurs ministres, reprocher à ceux-ci, tantôt leur ignorance, tantôt leurs prétentions exagérées, ne

pas épargner même leur conduite, voilà ce que l'on voit faire à tous les journaux du parti; leur méthode de défense se réduit à cette maxime fondamentale du machiavélisme : *Calomniez hardiment, il en restera toujours quelque chose.* A la calomnie ils joignent le conseil charitable de *comprimer sans délai, de réprimer;* ils prévoient que telle question pourra nous *étouffer;* ils se reprochent d'user envers les ultramontains *de trop de ménagemens,* etc.

» On se laisserait donc entraîner bien loin de la question, si l'on voulait répondre à toutes ces allégations; il y aurait d'ailleurs cet inconvénient, qu'on devrait répéter ce qui a été dit mille fois pour repousser des attaques semblables; la meilleure méthode à suivre avec ces publicistes et canonistes d'un nouveau genre, c'est de les laisser déclamer, injurier, *menacer* même tout à leur aise, mais de les ramener invariablement à la question préalable, savoir, *la preuve de leur proposition,* sous la réserve de répondre à leurs diatribes, lorsqu'ils auront prouvé leur nouveau dogme.

» Jusque-là, leur dira-t-on, nous n'avons rien à vous répondre ; car, en avançant une maxime nouvelle, réprouvée par le droit des gens, vous vous constituez *demandeurs* ; c'est donc à vous à commencer par prouver l'objet de votre demande, avant que vous soyez en droit d'exiger de nous la moindre réponse à ce que vous alléguez ; car telle est la règle : *actore non probante, reus absolvendus est, etiamsi nihil præstiterit.* C'est la méthode que suivait le célèbre Bourdaloue avec les ennemis de la religion catholique (1) ; c'était aussi celle du docteur Steyaert : interrogé pourquoi il ne répondait pas à cette foule de pamphlets dont on l'accablait chaque jour : si un pélerin, en chemin pour Rome, répondit-il, devait se débattre avec tous les petits chiens qui aboient sur sa route, il n'arriverait jamais au terme de son voyage ; mais si quelque gros chien s'avance pour le

(1) *Sermon sur la Religion Chrétienne*, dans ses sermons sur la carême, Tom **I**, pag. 262, édit. de Lyon, 1708.

mordre, c'est celui-là seulement qu'il doit écarter à coups de bourdon.

» Or, c'est cette même méthode que le savant docteur protestant Noodt a adoptée pour
répondre aux novateurs, lorsqu'ils essayèrent
d'introduire en Hollande leur maxime du *droit
royal d'enseignement exclusif;* car ces provinces
ont été à leur tour attaquées par cette secte, et
leur tour reviendra, si elle doit réussir en Belgique. On attaquait aussi les principes religieux
des protestans, on se récriait contre l'ignorance
et la conduite de leurs ministres; que répond à
cela le docteur Noodt (1)? « Si vous voulez vous
donner la peine, dit-il, de lire ces diatribes
journalières; tournez et retournez-les; exami-
nez-les chacune en particulier, vous y trou-
verez des mots sonores, mais aucun sens, aucun
raisonnement, puisqu'elles sont dépourvues de

____

(1) Leve et inane quid enim habet, quod oneret
nostram sententiam? si vacat, vertite, evolvite, exa-
minate singula : accipietis verborum strepitum, sen-
sum nullum.

logique.» Et nous pouvons répondre avec lui :
« Quand on vous accorderait toutes vos incri-
minations contre la religion catholique et ses
ministres, *quid ad te* ? Qu'est-ce que tout cela
vous regarde ? Ce que vous croyez faux et ridicule, est regardé par les catholiques comme
saint et respectable. De quel droit prétendez-
vous juger entre vous et nous ? De quel droit
condamnez-vous ce qui existe depuis tant de siècles, et prétendez-vous y substituer ce qui n'est
que d'hier ? Quand les abus que vous désignez
seraient aussi vrais qu'ils sont faux, un logicien en conclura-t-il que le droit exclusif de
l'enseignement *appartient* au Souverain ? Les
abus, les inconvéniens, les vices sont des motifs pour empêcher l'introduction d'un *nouveau
droit*, mais jamais pour méconnaître, et bien
moins pour détruire un *droit acquis*, suivant la
règle de droit : *incommoda non probant defec-
tum juris.*

« La doctrine de l'enseignement exclusif,
poursuit le même docteur, n'est pas seulement

9

absurde; elle est de plus *pernicieuse à tout le genre humain* : « Accordez à un Prince le pou-
» voir de bannir les superstitions, d'abolir les
» inepties, de corriger les abus qu'il croit re-
» connaître dans une religion pie et louable ;
» comment refuserez-vous ensuite ce même pou-
» voir à un Prince qui ne pensera pas de
» même? L'autorité souveraine est la même dans
» l'un et dans l'autre : ainsi vous vous placez
» dans un cercle vicieux ; car si vous accordez
» à l'un l'autorité de changer ce qu'il croit vi-
» cieux, il faut nécessairement accorder le même
» pouvoir à l'autre ; ce système se réduit donc
» à la question de savoir laquelle des deux ré-
» formes est la compétente? Or, quel sera le
» juge de cette question? sera-ce l'épée? et
» quel sera le résultat et la conséquence néces-
» saire d'un pareil système? Ce ne pourra être
» que l'anarchie. Jugez vous-mêmes, conclut-il,
» s'il se peut concevoir un système plus hon-
» teux, plus inique et plus insensé (1). »

(1) Quo, quid turpius, quid iniquius, aut stultius sit, ipsi judicate. *Noodt* l. c.

(151)

» Il termine enfin cette dissertation sur l'enseignement exclusif par cet axiome (1) : « Il
» n'appartient pas au Prince de se mêler de
» l'instruction et de la doctrine; il doit lui suf-
» fire que la tranquillité publique ne soit point
» troublée; qu'importe à lui que tel ou tel cul-
» te soit suivi par des hommes dévoués ou pré-
» varicateurs, des savans ou des ignorans, s'ils
» ne troublent pas la tranquillité publique ? »
C'est bien là, nous croyons, un commentaire
complet des articles 190, 191, 193 et 196 de
la Loi fondamentale.

» Telle est la mesure de l'appui que les fau-
teurs du système exclusif peuvent se promettre
de l'opinion des protestans : s'ils se vantent
d'en trouver, assurément ce ne pourra être que
dans la secte que le ministre d'une grande puis-

_____

(1) Principi sufficit providere ne stultitia, ne te-
meritate, neve dolo ac scelere aut reipublicæ noceatur aut singulis. Nec ejus interest, utrùm ab invitis an
a volentibus, utrum ab imperitis et seguibus, publicæ tranquillitati et civili omnium conjunctioni serviatur. *Noodt*, l. c.

sance menaçait naguère de lâcher à son gré contre les Rois qui voudraient entraver ses desseins.

» Les partisans du système exclusif cesseront donc bientôt de faire des dupes par le prestige de leurs déclamations, quand on aura reconnu le vide de leur système; ils cesseront de séduire les Rois par de basses flatteries, et d'alarmer les juges par de prétendus dangers de la tranquillité publique, quand il sera reconnu que leur système est subversif de toute religion, et que, loin d'être favorable à la tranquillité publique, il fut toujours, pour les pays où on voulut l'introduire, un signal de discorde et souvent de guerre civile; c'est pour ces motifs qu'il est proscrit par *le droit des gens*.

» A tout ce que nous avons dit pour montrer combien ce système exclusif est illégal et incompatible avec une religion quelconque, ajoutons encore qu'il est inexécutable : en effet, l'expérience de tous les siècles prouve qu'aucune législation, même au civil, repoussée par la grande majorité du peuple, n'a pu se consolider, bien moins lorsqu'elle froisse les principes réligieux. Les voies pénales, alors même qu'elles sont revêtues de formes judiciaires, n'ont jamais produit d'effet durable, elles ont constamment tourné contre les intérêts même de leurs auteurs. Si les édits de Charles V et de Philippe II, si les ordonnances de Louis XIV ont amené l'émigration de tant de fabricans industrieux, de tant d'hommes distingués par leurs connaissances et leurs talens, quelle garantie avons-nous contre le retour d'une semblable catastrophe pour les catholiques Belges, obligés de souffrir la mort plutôt que de dévier *des sanctions canoniques et des traditions des conciles universels ?*

» A-t-on bien apprécié d'ailleurs la position topographique des Pays-Bas, sous le rapport de *la loi de Louis XVIII, du* 14 octobre 1814, loi peut-être peu connue dans ce pays? Il serait difficile de ne pas y reconnaître une certaine vue dans l'avenir. Portée au moment même où nos provinces furent détachées de l'empire français, cette loi relient la porte ouverte à *tous les habitans des ci-devant départemens réunis, pour rentrer en France et y* ACCEPTER ET OCCUPER DES FONCTIONS PUBLIQUES *sans assujétir leur naturalisation aux formes voulues par le code civil.*

» Or, quel vaste champ ne leur ouvre pas le pays conquis où l'on parle les deux langues, où il existe une cour royale dont le ressort vaut un petit royaume, où quatre grands évêchés soupirent après des ecclésiastiques connaissant les deux idiômes, et où déjà tant de négocians belges ont établi des fabriques et ouvert des maisons de commerce.

» Mais détournons nos regards d'un avenir si peu rassurant, et rouvrons plutôt nos cœurs à l'espérance en nous souvenant des promesses solennelles de l'auguste Monarque qui nous gouverne; n'oublions pas qu'un mot de notre Roi peut calmer toutes nos craintes et dissiper les sombres nuages qui semblent nous menacer

dans le lointain ; sa voix n'a qu'à se faire entendre, et les angoisses des catholiques cesseront
en même temps que celles des protestans seront
prévenues ! »

Si cet article ne pèche point par excès de briè-
veté, nous croyons qu'il ne nous sera pas difficile
de montrer qu'il pèche par quelque autre chose.

On prétend que notre système a *fait répandre
dans ce pays des flots de sang sous Philippe II
et Robespierre.* Nos connaissances historiques,
nous en convenons, ne vont point jusqu'à savoir
ce qu'il peut y avoir de commun entre notre mode
d'enseignement et celui du despote qui voulut
assujétir nos pères au joug de l'inquisition ! et si
nous avons quelque mémoire, ce furent des principes bien différens des nôtres, qui ensanglan-
tèrent alors la Belgique. Quant à *Robespierre,*
qu'on ne s'attendait guère à voir accoler au fils
de Charles-Quint, s'il a fait un plan d'éducation,
ce dont nous n'avons pas entendu parler, et s'il
l'a fait exécuter chez nous par des mesures san-

guinaires, nous l'abandonnons volontiers au *Ca-tholique*, et nous répudions ses doctrines aussi sincèrement au moins, que les jésuites repoussent celles de Philippe II.

On ne voit dans notre opinion *qu'un vrai délire que des étrangers révolutionnaires nourrissent le fol espoir d'accréditer sous un Prince protestant.* Ce n'est pas voir avec les yeux de la charité; ce n'est pas s'exprimer dans les termes de la bonne compagnie; et nous ne voyons ici, nous, de *révolutionnaire*, que le style dans lequel on nous attaque; mais, quelque peine que nous fasse ce ton d'aigreur, laissons le style, et poursuivons l'examen des raisonnemens qu'on nous oppose. Quand nous donnons le nom de *raisonnemens* à ce qui va suivre, on sera bien forcé d'avouer que, si nous n'avons pas beaucoup de savoir, du moins nous ne manquons point de savoir-vivre.

Nous ne nous arrêterons pas à cette proposition entortillée : *que l'enseignement de la jeunesse est la base de toute religion dont la stabilité est le caractère essentiel, et que l'on ne conçoit pas une stabilité qui serait dépendante du caractère particulier de chaque Prince régnant.* Tout ce que, d'après les antécédens, nous comprenons à cette énigme, c'est qu'il est impossible que la stabilité de la religion ne soit compromise, à moins qu'on n'en confonde l'enseignement avec celui de la littérature et des sciences; proposition déjà cent fois émise et cent fois réfutée, et dont on se flatte sans cesse d'avoir donné une démonstration nouvelle, quand on n'a fait que la reproduire dans les mêmes termes. En effet, qu'a-t-on opposé à la distinction que nous avons établie entre le profane et le sacré, entre la morale et le dogme, entre l'enseignement qui appartient au clergé, et celui qui ne peut appartenir qu'au gouvernement? Quelle limite a-t-on posée entre les deux pouvoirs? quelle part leur a-t-on assignée à chacun, dans un droit qu'on prétend n'appartenir exclusivement ni à l'un ni à l'autre? C'est là cependant le nœud de la difficulté; qu'on adopte notre distinction, et le nœud est tranché, et les caprices du Prince régnant, qui jamais ne se mêlera de l'enseignement religieux, ne pourront nuire à la stabilité de la religion.

Si l'on veut forcer les dissidens d'envoyer leurs enfans dans ces établissemens exclusifs, par la peine d'inhabileté aux emplois et aux fonctions, n'est-ce pas vouloir que cette jeunesse débute dans la carrière par un parjure et une infidélité à sa religion? Traître à son Dieu, sera-t-elle loyale à son prince?

Des gens plus forts que nous sur la grammaire, trouveraient ici matière à critique; mais ce n'est pas de grammaire qu'il s'agit, et nous tenons bien moins à la syntaxe qu'à l'ordre public.

De quels *établissemens exclusifs* nous parle-t-on? Ce ne peut être des écoles inférieures, des Colléges et Athénées, puisqu'il n'est point nécessaire d'y avoir fait ses études, pour être admissible aux emplois; c'est donc des Universités et des écoles spéciales; mais, en bonne conscience, peut-on trouver mauvais que le gouvernement mette quelque restriction au droit égal qu'ont tous les citoyens d'être appelés aux fonctions publiques? N'a-t-il aucune garantie à exiger de ceux en qui il doit placer sa confiance, et dans les mains desquels seront remises l'éducation, la fortune, la vie des citoyens, et, en général, la prospérité de l'État? L'instituteur, l'avocat, le médecin seront-ils parjures, infidèles à leur religion, traîtres à leur Dieu, pour avoir fréquenté des écoles publiques légalement instituées, et dans lesquelles ils n'auront appris que les élémens des sciences nécessaires à leur profession? Nous répugnons à penser que ce soit là l'opinion de nos adversaires, et qu'ils veuillent reprocher à d'autres qu'à ceux qui s'y exposent volontairement, la peine d'inhabileté aux emplois prononcée par le Prince contre les dissidens à la fidélité desquels il ne doit certes pas plus de confiance, qu'ils n'en ont en sa sagesse.

On nous fait la grâce *de ne point parler de l'état présent de cet enseignement exclusif.* C'est en vérité nous faire une belle grâce! On y reviendra sans doute un peu plus tard; mais pourquoi n'en point parler dès à présent, si l'on a quelque chose à en dire? Nos établissemens ne sont point parfaits; il a pu s'y glisser des abus; pourquoi ne pas les signaler, si on les connaît? Ce n'est pas seulement un droit pour tous les écrivains, c'est un devoir; et, dans ce cas, comme dans tous les autres, en se renfermant dans les bornes de la loi, nous ne voyons pas ce qui pourrait restreindre la liberté de la presse. Nous dirons plus : nous ne voyons pas ce qui empêcherait le clergé lui-même de dénoncer au gouvernement, et de condamner des doctrines anti-catholiques, soutenues ou professées dans nos écoles, et qui, par cela seul qu'elles blesseraient les sentimens d'une communion quelconque reconnue et protégée par la Constitution, seraient un attentat contre l'ordre et la tranquillité publique.

Cet enseignement exclusif est manifestement réprouvé par le chef de la religion et le clergé catholique.

Il y a donc, dans ce pays, des bulles que nous ne connaissons pas; des instructions secrètes; des anathèmes lancés dans l'ombre! Si cela était vrai, le chef de la religion aurait tort, et le clergé aurait

enfreint les lois ; mais il n'en est rien ; et le Concordat va bientôt lever tous les doutes à cet égard.

*Les États-Généraux ont laissé apercevoir des
indices de défiance.*

De très-légers indices, et si légers que les ré-
clamations de quelques orateurs n'ont servi qu'à
mettre dans un plus grand jour l'opinion contraire de la grande majorité des représentans de
la nation.

*Le décroissement subit du nombre des élèves
internes, en 1826, suivit immédiatement la suppression des petits Séminaires.*

La suppression d'écoles illégales ne pouvait
avoir un autre effet, et personne n'a pu en être
surpris.

*Ce prétendu droit exclusivement royal ou sou-
verain, n'est pas plus reconnu par les protestans
que par les catholiques.*

Nous ne savons aucun pays protestant où ce
droit soit contesté au Prince, et jamais, en Hollande, on ne le lui a disputé.

*L'on se rappelle encore les divisions qu'a fait
naître entre les États-Généraux de la Hollande*

et le clergé protestant, la formule de prière pres-
crite par les États, comme représentant le Sou-
verain.

Ces divisions étaient inévitables; elles sont la
conséquence de l'opinion de ceux qui ne veulent
pas distinguer le spirituel du temporel; qui pensent que le Prince peut, comme tel, avoir une
religion; qui ne réfléchissent pas que le culte est
un simple rapport entre l'homme et Dieu; rapport
qui n'a rien de terrestre et qui échappe nécessairement à l'autorité civile. Dans notre système, de
pareilles divisions ne pourraient se reproduire.
Quand nous attribuons au gouvernement le droit
exclusif de former, par l'instruction, des citoyens,
des guerriers, des magistrats, nous lui refusons
celui de former des théologiens; *des formules de*
prière ne sont pas du ressort de la souveraineté,
et le Prince ne doit intervenir entre les différentes
communions, que pour les protéger toutes, et
faire, pour nous servir des termes du pacte fondamental, *qu'elles se contiennent dans l'obéissan-*
ce qu'elles doivent aux lois de l'État.

Ces idées peuvent sembler nouvelles; des séminaristes s'en effaroucheront encore quelque temps; mais elles ne tarderont pas à devenir populaires. Ce ne sont plus les oracles des Druides, ni les Capitulaires de Charlemagne qui nous gouvernent. La raison a fait des progrès depuis ce temps. Elle ne s'arrêtera pas:

. . . . *novus sæclorum nascitur ordo.*

Si les protestans ont contesté à la souveraineté le droit de prescrire une formule de prière, on ne s'étonnerait pas de les voir refuser, comme incompatible avec leur religion, le droit d'enseignement exclusif attribué au Roi.

Ces Messieurs ne s'en étonneraient peut-être pas; mais, pour notre part, nous en serions bien surpris; car les protestans savent raisonner, et ils n'auraient pas de peine à voir qu'il y a une grande différence entre la direction des écoles nationales, et la prescription d'une formule de prière.

On doit regarder ce droit exclusif comme un brandon jeté entre l'empire et le sacerdoce, par un parti non moins ennemi de l'un que de l'autre.

Attribuer à deux autorités indépendantes un droit indivis à une même chose, c'est les mettre en opposition, c'est jeter entr'elles un brandon de discorde; c'est ce que font nos antagonistes. Assigner à chacune la part qui lui revient dans cette chose, le temporel à l'une, le spirituel à l'autre; c'est prévenir toute collision; c'est ce que nous proposons de faire, et nous ne croyons par-là nous montrer ennemi ni du clergé ni du Prince. Pour le Prince, il serait par trop extraordinaire de supposer que nous conspirions contre lui en défendant sa prérogative.

On nous fait le reproche de *n'avoir pas au moins soutenu notre paradoxe, à la faveur d'une démonstration sophistique.*

Pour que ce reproche fût juste et cette phrase correcte, il faudrait d'abord que notre opinion fût *un paradoxe;* ce qui n'est pas prouvé. Ensuite, qu'un *paradoxe* fût susceptible de *démonstration;* ce qui n'est pas clair. Enfin, qu'une *démonstration* pût être *sophistique;* ce qui est absurde. Au reste, nous attachons peu d'importance à ces bagatelles qui ne blesseraient tout au plus que notre vanité, et nous trouvons bien plus grave le tort qu'on nous suppose *de fasciner, par des déclamations gigantesques, les yeux d'un vulgaire ignorant qui nous croit, parce qu'il ne voit paraître aucune réponse à nos ca-lomnies.* Nous ne méritons pas qu'on nous apostrophe sur ce ton. Nous n'avons jamais *fasciné les yeux* de personne par des *déclamations,* et sur-tout par des déclamations *gigantesques ;* le vulgaire qui nous croit n'est pas plus ignorant que celui qui ne nous croit pas, et il est de toute fausseté qu'on ne voie paraître aucune réponse à nos *calomnies.* Nous ne disons rien de ce mot *calomnies,* qui est là pour un mot plus honnête : il ne peut se rapporter à nos articles, et, de la part de gens qui ont reçu une éducation chrétienne, il ne saurait être pris que pour un *lapsus calami.*

Ce vulgaire ignorant, ajoutent nos accusateurs, *ne voit pas que notre silence est forcé.*

Comment le verrait-il, quand c'est vous qui

avez provoqué la discussion, quand vous y revenez sans cesse, quand les huit colonnes de votre
Catholique ne suffiraient pas à une seule de vos
réponses, et qu'on ne peut s'empêcher, en vous
lisant, de songer à ce gros poème *d'Oreste :*

     . . . . . Summi plena jam margine libri
     Scriptus, et in tergo, nec dum finitus Orestes.

Si vous appelez cela du *silence*, que serait-ce
si vous parliez ?

*La partie essentielle de la tactique de nos
adversaires est d'éviter toute discussion.*

Il y a pourtant plusieurs mois que nous dis-
cutons, et toujours sur la même matière !

*D'étouffer toute contradiction, en nous impo-
sant silence par des mesures pénales et des menaces.*

Nous défions tous les ultra-catholiques du monde, de montrer dans aucune de nos réponses,
une ligne, un mot qui justifie cette odieuse in-
culpation. Si nous étions intolérant ou délateur,
nous ne ferions pas la guerre aux jésuites.

Notre doux adversaire n'en demeure pas là, et il continue sur ce ton de politesse emprunté aux beaux jours de la littérature du moyen âge.

Il suppose que notre paradoxe n'a pris naissance que dans le cerveau d'étrangers bannis de leur pays, *qui ont surpris la religion d'un Roi assez généreux pour leur accorder l'asile que leur refusaient toutes les puissances de l'Europe.*

La supposition n'est peut-être pas trop respectueuse pour le Souverain, dont nous ne contestons pas la générosité, mais que nous croyons trop prudent pour se laisser ainsi surprendre par des bannis. Nous savons bien qu'il y a des hommes qui ne sont pas d'ici et dont l'influence est grande en Belgique. Le *Catholique* les cite ou les copie assez souvent; mais nous serions curieux de savoir quels sont ces autres étrangers, ces proscrits qu'il désigne, et qui ont fait insérer dans notre Constitution l'article où le Roi seul est chargé de la surveillance des écoles inférieures, moyennes et supérieures.

L'érudit, à qui nous répondons en ce moment,

car nous n'avons plus affaire à un logicien, poursuit ses injurieuses hypothèses contre les étrangers, et, tant il a d'imaginative, insinue que c'est
par leur influence que l'Académie de Bruxelles a,
ces années dernières, proposé les deux questions
suivantes: 1.º *A quel titre les ecclésiastiques et
le Tiers-État ont-ils eu séance aux États-Généraux et Provinciaux en Belgique?* 2.º *Quel a
été, dans ce pays, l'état des écoles depuis Charlemagne jusqu'à la fin du 16ᵉ siècle?* Il peut en
savoir plus que nous là-dessus; car nous ne sommes pas de l'Académie; mais s'il trouve, entre ces
deux questions et celle qui nous divise, un rapport même indirect, il est doué d'une perspicacité
de jugement à laquelle nous sommes loin de prétendre, et que nous sommes plus loin encore
d'apercevoir dans ses raisonnemens. Il n'a point,
dit-il, été répondu à la seconde question de l'A-
cadémie; mais plusieurs mémoires ont été envoyés
sur la première, et ceux-ci auraient été couron-
nés et rendus publics, sans une raison qu'il ne
veut pas dire, sous prétexte *qu'on la devine ai-*

sément. Encore une fois, nous n'avons pas autant
de pénétration que lui; et, puisqu'il sait à quoi
tient ce déni de justice; puisqu'il a lu les mémoires
dont il s'agit; puisque peut-être il en connaît
le contenu, aussi-bien que l'auteur lui-même,
nous sommes fâché qu'il nous ait laissé dans
l'incertitude sur un fait qui établirait si positivement la dangereuse influence des étrangers
sur notre système d'instruction publique.

*Ce n'est pas par ignorance que la demande
sur l'état des écoles est restée sans réponse :
c'est par dégoût pour l'esprit qui l'avait dictée.
Et en effet, il aurait été d'autant plus facile de
traiter cette question, que déjà on avait, sur la
matière, un excellent mémoire de M. Du Rondeau, couronné en 1773, par l'ancienne Académie.*

A la bonne heure; mais où voulez-vous en
venir? que fait à notre question le mémoire de
M. Du Rondeau? et qu'est-ce qu'on voit dans
ce mémoire?

*On y voit que les Druides enseignaient exclu-
sivement la théologie, l'astronomie, la cosmo-*

graphie, la musique, la poésie, la jurispru-
dence et la médecine; qu'ainsi la crainte de Dieu
doit entrer dans l'enseignement de toutes les
sciences, et cela sans égard à notre récent sub-
terfuge de distinguer entre l'enseignement civil
et l'enseignement religieux.

Nous voulons bien croire que tout cela se
trouve dans le mémoire de M. Du Rondeau;
mais que veut-on en conclure? que le clergé
Belge a succédé aux Druides et à pareil titre;
qu'il doit, comme eux, *enseigner exclusive-*
ment l'astronomie, la cosmographie, la musi-
que, la poésie, la jurisprudence et la médecine;
qu'il n'y a rien aujourd'hui de mieux à faire que
ce qui se pratiquait de leur temps; qu'une distinction qu'on n'a pas établie dans des siècles
barbares; ne peut avoir lieu dans le nôtre. Que
ne réclame-t-il aussi pour le clergé, le droit de
vie et de mort qu'avaient sur les citoyens *ces*
bons Druides qui formaient le clergé de la Gaule
païenne!

On voit encore dans le mémoire de M. Du

Rondeau, ou dans les développemens que lui donne son admirateur, que, du temps de Clovis, de Childebert, de Guntramne, de Pépin, de Charlemagne, toutes les écoles étaient dans les monastères, dans les presbytères, dans les maisons canoniales; qu'elles y étaient soumises à l'inspection des évêques, et que la puissance temporelle, à ces brillantes époques de l'histoire, se bornait, se restreignait elle-même à seconder la puissance ecclésiastique, et à lui prêter l'appui *du bras* séculier.

Ces faits nous sont connus, comme au savant qui nous les oppose, et il aurait pu nous épargner une foule de citations qui prouvent son érudition, peut-être, mais qui ne prouvent que cela. Il n'avait pas besoin de se donner tant de peine, de compulser tant d'histoires, tant de chartes, tant de vieilles chroniques, pour nous apprendre que le clergé, à l'époque où lui seul savait lire, avait exclusivement la direction des écoles; qu'il a existé des temps d'ignorance où l'homme avait oublié sa dignité, où l'Eglise avait

tout envahi, où il n'y avait que des seigneurs et
des serfs, où les Rois n'étaient que les exécu-
teurs des sentences ecclésiastiques; on ne le conteste pas, et il n'en est resté que trop de vestiges.
La véritable question n'est pas une question
d'histoire, mais de politique; c'est du fait qu'il
s'agit bien moins que du droit, et nous demanderons aux partisans des anciens *us* et
coutumes, *si le plan primordial de l'enseignement public dans les Gaules*, leur parait d'une
telle perfection, que, depuis les Druides, on n'ait
dû y apporter aucun changement? si le clergé,
d'après nos lois, constitue encore un ordre dans
l'État? si nous obéissons encore aux Capitulaires
de Charlemagne et de Louis−le−Débonnaire?
Qu'on nous vante le bonheur des périodes ger-
·manique, franque et féodale; qu'on regrette les
beaux jours de Clovis, les règnes glorieux de
Childebert et de Guntramne; qu'on admire, dans
le système d'enseignement de ces siècles fortu-
nés, *le concours des peines spirituelles et des
peines légales qui annonçait déjà l'existence de*

deux pouvoirs concursifs et coërcitifs ; nous le
voulons bien ; on s'affectionne aux choses qu'on
a étudiées, aux institutions qu'on a approfon-
dies ; on ne se figure pas aisément, à certain
âge sur-tout, qu'on ne s'est mis que des sottises
dans la tête, et nous pardonnons à un savant
qui sait par cœur toutes les coutumes de sa Châtellenie, d'y voir le beau idéal de toutes lois passées, présentes et futures, Mais enfin les coutumes
sont changées ; les Châtellenies sont détruites ; il
n'est plus temps de réclamer ; et s'il est utile
encore, comme nous n'en doutons pas, de remonter le cours des âges, c'est bien moins à
regretter le passé, qu'à estimer le présent, que
cette étude doit nous conduire,

L'apologiste des vieilles institutions n'a point
encore parcouru toute la série de ses citations
et de ses autorités ; après nous avoir conduit des
Druides à Charlemagne, il arrive à l'époque qui
précéda la sécularisation des chapitres cathé-
draux, et il nous montre qu'alors les classes
étaient divisées en supérieures et inférieures,

majores et minores , comme il le dit savamment dans une note ; que l'on n'y connaissait pas notre distinction entre l'enseignement civil et l'enseignement religieux ; qu'ils étaient l'un et l'autre sous la surveillance de l'autorité ecclésiastique. Il ajoute que , *l'Eglise, loin de s'être écartée jamais de l'organisation primitive de l'enseignement public, a constamment retenu les écoles d'enfans (scholas puerorum) telles qu'elles étaient sous Charlemagne, et n'a cessé de leur apprendre, outre l'art de lire et d'écrire, les élémens de la religion , toujours simultanément. La raison, dit — il, qu'en donne van Espen même , c'est que l'expérience avait appris qu'en séparant l'enseignement civil de l'enseignement religieux, l'on négligeait souvent d'instruire les enfans dans les principes de la foi.*

Nous convenons de presque tous ces faits ; et nous avouons que les choses se sont passées à-peu-près ainsi, dans les siècles d'ignorance ; mais ce n'est point dans de pareils siècles que nous allons chercher ce qu'il convient de faire aujourd'hui , et , malgré les exemples tirés des règnes de Clovis, de Childebert , de Guntramne , de Pepin , de Charlemagne , et même de Charles-Quint , il nous semble que *l'art de lire et d'écrire* s'apprend aussi-bien par les nouvelles méthodes que par celles des écolâtres de l'ancien régime ecclésiastique , régime au surplus dont ce n'est pas faire un grand éloge que de dire qu'il a retenu les écoles des enfans , dans l'état où elles étaient au 8.ᵉ siècle.

Quant à van Espen , nous ne sommes point assez impoli pour traiter d'apocryphe le passage qu'on nous cite, comme de lui, sur la distinction entre l'enseignement civil et l'enseignement religieux ; nous serions, il est vrai, bien étonné qu'on nous le montrât textuellement dans aucun de ses ouvrages ; mais nous n'en contestons point l'authenticité ; catholique, il a pu penser ainsi dans un pays tout catholique ; c'était un système admis, et nous ne voyons pas à quelle occasion il l'aurait combattu ; nous ne nous arrêterons donc point à son opinion qui, probablement, ne serait plus la même, à l'époque où nous vivons, et qui n'ajoute que fort peu de chose aux nombreuses autorités dont nous accable l'érudition de notre adversaire.

Nous ne nous occuperons pas davantage de nos *synodes archiépiscopaux, et de ce que nos pieux Souverains, à l'exemple de Charlemagne, ont fait ou promis de faire à leurs Joyeuses Entrées;* nous ne révoquons en doute ni les décrets des conciles, ni les mandemens des évêques, ni les ordonnances des Princes, ni les actes d'homologation qui prouvent que, dans nos provinces méridionales, l'influence du clergé a toujours été très-grande sur l'éducation publique; qu'il en a eu, presque en tout temps, la direction exclusive, et que l'on n'y connaissait guère le système que nous défendons; c'est même ce qui nous rendrait suspecte, dans la bouche de van Espen, la distinction qu'on lui prête entre l'enseignement civil et l'enseignement religieux, si nous n'étions persuadé que ces Messieurs sont trop délicats pour abuser de notre ignorance par des citations inexactes; mais, de ce qu'une chose a long-temps existé, s'en suit-il qu'elle doive exister toujours? de ce que l'enseignement public a fait partie de *la discipline ecclésiastique*, qui n'est pas invariable, s'en suit-il qu'on ne puisse rien y changer? Et l'instruction d'ailleurs, sur-tout l'instruction populaire, sous les grands écolâtres des cathédrales, était-elle si brillante, qu'il ne soit possible de mieux faire? Qu'on nous dise combien de paysans savaient lire autrefois dans la Châtellenie d'Audenarde, et qu'on en compare le nombre à celui des enfans qui fréquentent aujourd'hui les écoles des mêmes villages!

Nous passons condamnation et sur *la capitulation de l'année 1706, qui ne reconnaît la souveraineté de la maison d'Autriche, que sous la condition que rien ne serait changé dans l'ecclésiastique*; et sur *le traité de Reichenbach, conclu en 1790, d'après lequel l'empereur Léopold rétablit les évêques dans la direction et pouvoirs qu'ils exerçaient sur la fin du règne de Marie-Thérèse.*

C'étaient les lois et les capitulations d'alors;
nous avons les nôtres aujourd'hui, lesquelles,
toutefois, *ne changent rien non plus dans l'ecclésiastique*, si ce n'est quelques points d'une
discipline variable de sa nature, et qui doit s'ac-
commoder aux diverses circonstances des temps,
des lieux et des constitutions politiques.

Il est une question plus délicate, que nous
demanderons la permission de ne pas aborder;
c'est celle qui naîtrait *de la déclaration des
hautes puissances alliées qui, en* 1814, *affran-
chirent le clergé de la Belgique de toutes les
entraves mises à l'exercice de la religion catholique, apostolique et romaine, et qui le
replacèrent sous les lois canoniques de l'Eglise
et les lois constitutionnelles du pays.*

Cette question est d'une politique trop élevée
pour nous; elle exigerait, à elle seule, une
dissertation étendue; il s'agirait de savoir quelles
étaient, en Belgique, ces entraves mises à l'exercice de la religion catholique, apostolique et
romaine; si on peut regarder comme des entraves

les articles d'un Concordat solennel avec le Souverain Pontife; si les hautes puissances ont eu le droit de l'annuler; si le Souverain, qui a remplacé Napoléon, n'a point, sous ce rapport, repris les choses au point et dans l'état où elles étaient; si d'ailleurs cette déclaration n'était pas une mesure purement transitoire qui devait se modifier par le pacte fondamental du nouveau royaume. Et elle n'était en effet qu'une mesure transitoire, ou bien *le clergé, replacé sous les anciennes lois constitutionnelles du pays*, aujourd'hui même encore, n'en devrait pas reconnaître d'autres, et ne serait pas obligé d'obéir à la Constitution nouvelle.

Ainsi donc, en admettant que les puissances alliées ont replacé *le clergé sous les lois canoniques de l'Eglise et les lois constitutionnelles du pays*; qu'elles ont positivement rétabli *l'ancienne discipline ecclésiastique*, et, avec elle, le droit qu'avaient les évêques de surveiller l'enseignement, cette mesure n'étant que provisoire, ne garantissait pas plus au pays son ancienne discipline ecclésiastique, que ses anciennes lois constitutionnelles ; les lois constitutionnelles ont changé ; on a donc pu changer aussi la discipline ecclésiastique dans ses rapports avec l'enseignement civil, qui n'en est point une partie nécessaire. C'est ce qu'on a fait ; la tolérance s'en applaudit ; la religion ne peut qu'y gagner, et l'exercice du pouvoir épiscopal, garanti par l'article 195 de la Charte, ne saurait en recevoir aucune atteinte.

Cependant, on ne se contente pas d'affirmer *qu'aucun catholique ne pourrait, sans violer sa profession de foi, reconnaître au gouvernement le droit exclusif de diriger l'instruction civile ;* on ose assurer qu'un protestant même s'y refuserait, et que, consulté sur cette question, il répondrait *qu'un droit pareil est incompatible avec toute espèce de religion, parce que la stabilité est de l'essence de toutes.*

Nous ne concevrions pas une telle réponse, de la part d'un protestant : d'abord les faits sont contraires ; dans toutes les Universités protestantes, le Roi seul nomme les maîtres et sur-

veille l'enseignement. A Bonn, où il se trouve
à la fois une faculté de théologie catholique et
une faculté de théologie protestante, les élèves,
sans distinction de culte, fréquentent les mêmes
leçons de littérature ancienne et moderne, d'histoire universelle, de philosophie, etc. etc., et ce
n'est pas le clergé qui choisit les professeurs.
En Bavière même, ils sont tous, excepté pour la
théologie, à la nomination du gouvernement.
Ensuite que penser de cette incompatibilité que
trouverait un protestant entre toute espèce de
religion et le droit que nous attribuons au Souverain? Que penser sur-tout de la raison qu'on
en donne, savoir, que la stabilité est de l'essence de toutes les religions? Cette raison est-
elle bien dans les principes de nos adversaires?
ne nous ont-ils pas dit souvent que la stabilité
n'appartient qu'à une seule religion? que toutes
les autres, que le protestantisme particulièrement, *qui n'a pas de foi*, est changeant et variable de sa nature? Le *Catholique* devrait y
prendre garde. Il ne manque pas de collabora-

11

leurs. Les uns ont de la logique, les autres de l'érudition ; mais il faut de l'unité dans les doctrines, et ce n'est pas aux orthodoxes par excellence, qu'il est permis de se contredire sur une pareille question.

Ce n'est pas assez de prêter aux protestans des principes qu'ils n'ont pas ; on appuie cette assertion d'autorités qui n'en ont rien dit.

On cite Gérard Noodt, professeur de jurisprudence à l'Université de Leyde, dans son discours académique : *De religione ab imperio libera, jure gentium*, et Boëhmer, dans son droit canonique des protestans : *Jus canonicum protestantium*.

L'autorité du Prince, dit Gérard Noodt, *est grande et supérieure dans les affaires civiles (notez que nous ne parlons que de l'enseignement civil), mais dans les affaires religieuses, elle ne va pas au-delà des autres ; et s'il se permet de prescrire des règles à cet égard, et d'en ordonner l'observation, sous certaines peines, il empiète sur l'autorité d'autrui, c'est-à-dire, de Dieu. Divini, id est, alieni rem attingit.*

Si nous comprenons bien ce passage, il signifie que l'autorité du Prince ne s'étend pas aux choses religieuses ; qu'il n'a le droit de prescrire ni formule de prière, ni symbole de foi ; que tous les cultes doivent être libres ; que le *compelle intrare*, est un empiètement sur l'autorité de Dieu même à qui seul il appartient de sonder le cœur de l'homme, et de lui demander compte de sa croyance. Le titre du discours n'indiquait pas autre chose. Il est singulier que le *Catholique* invoque, à l'appui de ses doctrines intolé-rantes, l'écrivain le plus tolérant que nous ayons jamais lu !

Gérard Noodt poursuit et démontre combien cette maxime du pouvoir royal exclusif sur l'enseignement public, est anarchique et subversive de toute religion, et que, de ce chef seul, elle est repoussée par le droit des gens.

L'auteur de cet article, ou le savant qui lui en a fourni les matériaux, à moins que nous ne nous trompions à la couleur du style, s'est déjà fait, en mainte occasion, une réputation *sui*

generis, par l'exactitude de ses citations. Aujour-
d'hui, il s'est surpassé ; car nous avons lu toute
la dissertation de Gérard Noodt, et nous n'y
avons pas trouvé un mot de ce qu'il lui fait dire.

Nous n'y avons pas trouvé d'avantage la citation suivante, d'après laquelle, puisqu'elle est
guillemetée tout entière, et donnée comme un
extrait, Gérard Noodt aurait dit expressément : *
L'instruction de la jeunesse forme le cœur aussi
efficacement que pourrait le faire la raison dans
l'âge mûr ; si donc l'on devait reconnaître dans
un Prince, le droit exclusif de l'instruction publique, sur-tout dans les Etats de religion mixte,
il dépendrait du Souverain de faire qu'on pénètre
la jeunesse des principes de la religion qu'il professe, ou de toute autre qu'il lui plairait..... Or,
quelle stabilité pourrait-il y avoir pour une religion quelconque, avec ce droit souverain d'enseignement exclusif ? Un Constantin pourrait
succéder à un Néron ; une Marie-Stuart à un
Edouard, comme nous avons vu succéder un
Louis XVIII à une république théophilantro-
pique.*

Nous ne parlerons point de la mention faite avec tant d'à-propos de Louis XVIII et des théophilantropes, dans une citation de Gérard Noodt; c'est une distraction apparemment; mais Gérard Noodt n'a point parlé du reste plus que des théophilantropes et de Louis XVIII. Tout ce qu'on pourrait trouver dans son discours de relatif à l'éducation de la jeunesse, est renfermé dans cette phrase que le *Catholique* nous cite lui-même dans un autre endroit : *Tantum valet institutio qua imbuta infantia sit aut exculta firmior ætas!* pag. 643. Tant est grande l'influence des principes dont on a pénétré la jeunesse, ou qui ont développé l'intelligence de l'âge mur! Si nous avons, par ces mots, rendu le sens de l'original, le *Catholique* fait un contresens en les traduisant par cette autre phrase : *L'instruction de la jeunesse forme le cœur aussi efficacement que pourrait le faire la raison dans l'âge mûr.* C'est ce que nous laissons au jugement du premier régent de sixième. Mais que la proposition de Gérard Noodt s'interprète dans notre sens ou

dans celui du *Catholique*, que prouve-t-elle pour
ou contre notre système? et que penser d'un
érudit qui s'appuie d'autorités semblables?

*Boëhmer renchérit encore sur l'absurdité de
ce paradoxe anarchique : les peuples, dit-il, en
se réunissant en société, n'ont pas même le droit
de soumettre leur opinion religieuse à la volonté
du Prince, parce que le pouvoir sur les consciences et les opinions appartient à Dieu seul.*

Nous le demandons à tout homme capable de
lier seulement deux idées, qu'est-ce qu'il y a
dans ce passage qu'on puisse raisonnablement
nous objecter? et comment peut-on combattre
notre opinion, basée précisément sur la liberté
des cultes, par une maxime de tolérance que tous
les philosophes avouent?

Que cette érudition paraisse merveilleuse à de
vieux marguilliers; que de pauvres béguines trouvent ces textes concluans, parce qu'ils sont en
latin; que cette exactitude à citer les auteurs fasse
sourire nos doux Escobars; que de jeunes séminaristes, qui n'ont point passé encore par le Collége

(167)

Philosophique, admirent de pareils raisonnemens; nous en sommes fâché pour le *Catholique*,
mais cette manière de discuter n'est pas loyale;
il devrait en rougir, et, s'il ne le fait pas, nous
en rougissons pour lui.

Que son canoniste, qui n'est pas de ce siècle,
nous traite de nouveau docteur, et qu'après
nous avoir promis de ne plus envisager la question que sous son rapport philosophique, il commence par nous accuser d'injurier les prêtres,
de calomnier la religion, de menacer ses défenseurs, ces grossières imputations que nous le défions, comme nous l'avons déjà fait, de justifier
par aucun mot sorti de notre plume, ne font pas
plus d'honneur à ses sentimens, comme homme,
qu'à son esprit, comme dialecticien.

Il prétend que, dans cette discussion, ce n'est
pas *au Catholique* à répondre, mais à nous; que
c'est nous *qui nous sommes constitué demandeur*;
et, à ce propos, pour nous montrer qu'il est
jurisconsulte et qu'il sait du latin, il nous cite la
règle: *actore non probante, reus absolvendus est*,

etiamsi nihil præstiterit. Voilà de quoi émerveiller tous les vieux échevins et tous les anciens magisters de la Châtellenie d'Audenarde; mais *le Catholique*, ses collaborateurs et ses abonnés savent bien que c'est lui qui, analysant sans doute certaine petite brochure imprimée à Anvers, a le premier professé, dans un article *ad hoc*, que *le droit attribué au gouvernement de diriger l'enseignement public, était contraire à la religion, à l'autorité paternelle et à la Loi fondamentale:* il sait bien que nous n'avons fait que ramasser le gant qui nous était jeté; et il est inconcevable, quand il a pris l'initiative, et qu'il s'en souvient, qu'il consente à laisser imprimer dans ses colonnes, que c'est nous qui l'avons provoqué! La foi est la plus sublime des vertus théologales; mais la bonne foi, quoiqu'elle ne soit qu'une vertu humaine, a son mérite aussi, et, quand on se targue de l'une, on ne devrait pas faire si peu de cas de l'autre.

Nos adversaires jusqu'ici avaient discuté avec décence; ils avaient posé des principes; ils rai-

sonnaient conséquemment ; il était possible de
les suivre dans leur argumentation ; mais comment répondre à un homme qui ne sait pas tra-
duire le latin qu'il ne cesse de citer ? et qui donne
le nom de *dissertation sur l'enseignement exclusif*, à un discours académique intitulé par
l'auteur lui-même : *de religione ab imperio libera* ? discours où il n'est question que du droit
auquel pourrait prétendre le gouvernement, de
s'immiscer dans les affaires religieuses, d'inter-
poser son autorité entre Dieu et l'homme, et
de mettre des entraves à la liberté de conscience.

Nous ne fatiguerons pas nos lecteurs de la
répétition des textes latins empruntés à Gérard
Noodt, et dont aucun, quoique le *Catholique*
ait choisi les plus favorables à sa cause, n'ef-
fleure seulement la question. En les rappor-
tant dans ses notes, il s'est suffisamment réfuté
lui-même ; nous n'en transcrirons plus qu'un.

*Il n'appartient pas au Prince de se mêler
de l'instruction et de la doctrine ; il doit lui
suffire que la tranquillité ne soit pas troublée ;*

que lui importe que tel ou tel culte, soit suivi par des hommes dévoués ou prévaricateurs, des savans ou des ignorans, s'ils ne troublent pas la tranquillité publique?

La première phrase qui, à cause de sa généralité, ne prouve rien du tout, est la seule cependant où il soit parlé d'instruction. Elle n'est pas dans le texte que voici, et que le *Catholique* a, nous ne dirons pas la bonne foi, mais la bonhomie de nous mettre lui-même sous les yeux.

Principi sufficit providere ne reipublicæ noceatur aut singulis; nec ejus interest utrum ab invitis an a volentibus, utrum ab imepertis et seguibus, publicæ tranquillitati et civili omnium conjunctioni serviatur.

Proposition qui, comme on le voit, ne touche en rien à nos principes, ne dit pas ce qu'on lui fait dire, et dont la traduction, à coup sûr, si on l'avait donnée, même à Saint-Acheul, pour sujet de composition à la classe élémentaire, n'aurait pas valu un 6.ᵉ accessit à son auteur.

Encore un échantillon de la franchise et de la

dialectique de notre *laudator temporis acti*. Si, dit-il, *les édits de Charles-Quint et de Philippe II, si les ordonnances de Louis XIV* ont amené l'émigration de tant de fabricans industrieux, de tant d'hommes distingués par leurs talens et leurs connaissances, quelle garantie avons-nous contre le retour d'une semblable catastrophe pour les catholiques belges?

Quelle garantie ? notre Constitution et des principes de gouvernement diamétralement opposés à ceux de Charles-Quint, de Philippe II et de Louis XIV. Ces monarques se mêlaient de la religion; ils s'opposaient à la liberté de conscience; ils étaient conduits par les maximes des jésuites; Louis XIV vieillissant s'est laissé abuser par eux; il est mort sous leur froc. Nous sommes dans une position différente; et nous ne comprenons pas ce qui engagerait les catholiques belges à émigrer, quand le gouvernement n'a et ne saurait avoir ni la volonté ni le pouvoir de les gêner dans leurs croyances.

Et alors, qu'importe *la position topographique*

Pays-Bas, et la loi de Louis XVIII, du 14 octobre 1816, qui tient la porte ouverte à tous les habitans des départemens réunis, pour rentrer en France et y accepter et occuper des fonctions publiques, sans assujétir leur naturalisation aux formes voulues par la loi?

On ne déserte pas la terre de la liberté et des arts; on ne s'exile point du pays de la tolérance, et si le malheur des temps amène encore des émigrations, elles se feront des autres États dans la Belgique, mais jamais de la Belgique dans les autres États.

Nous avons répondu longuement à un article très-long; nous n'avons pas eu le temps d'être plus court, et nous aurions fait un gros volume au lieu d'une simple brochure, si nous avions voulu relever, dans les assertions de nos antagonistes, tout ce qui était susceptible de l'être. Il ne nous reste plus qu'à parcourir rapidement quelques récriminations de peu d'importance, qu'ils ont cru devoir insérer encore dans leur journal, depuis l'invitation qu'ils nous ont faite

et que nous avons acceptée, de nous résumer et
d'en finir.

Ils nous reprochent d'avoir traité d'apocryphe
la citation faite par eux de l'opinion de van Espen *sur l'obligation et les avantages d'instruire
les enfans dans les principes de la religion, en
même temps qu'on leur apprend à lire et à écrire.*

Nous n'avons point dit positivement que van
Espen ne fût point de cet avis, qui devait être
le sien ; ce n'était de notre part qu'un léger
doute sur l'expression de cet avis, et nous y
étions bien autorisé par la singulière exactitude
avec laquelle on nous avait déjà cité Gérard Noodt.
Maintenant que nous avons lu van Espen, dans
son chapitre des écoles dominicales ou écoles des
pauvres, qui se tenaient une fois par sem ···· e,
pendant quelques heures, après Vêpres, ··· us
convenons qu'il a dit, en parlant du 2.e synode
de Malines :

*Hoc decreto sat ostenditur quod, tempore hu-
jus synodi, id est, sub initium decimi septimi
sæculi, pueri in scholis præcipue docerentur*

legere et scribere, neglecta instructione in ru-
dimentis fidei, quod synodus improbat ; nequa-
quam tamen vetat in utrisque pueros instrui :
licet posterius merito tanquam præcipuum ma-
jorisque momenti priori præferat.

Et, à l'occasion des édits d'homologation des synodes :

Hic rursus non obscure innuitur in his scho-
lis non tantum fidei rudimenta, sed et literarum
tradenda esse per magistros et magistras.

Mais, avec les yeux de quelle espèce de foi faut-il donc avoir lu ces deux textes, pour y trouver une réfutation complète par Van Espen de notre système sur l'enseignement ? Van Espen rend compte d'un fait ; il rapporte que, dans quelques écoles dominicales, au commencement du 17.ᵉ siècle, on appliquait les enfans à la lecture et à l'écriture, plus qu'au catéchisme ; que cet usage fut blâmé par le second synode de Malines, qui cependant, quoique le catéchisme lui parût préférable, ne défendit point (chose fort heureuse!) qu'on y joignît la lecture et l'écriture.

 Van Espen ajoute que, des édits d'homologation de nos synodes, il résulte évidemment que,
dans les écoles dominicales, on devait enseigner
non-seulement le catéchisme, mais encore les
élémens des lettres.

Il fait, comme on voit, l'office de rapporteur ;
il dit ce que pensait le synode de Malines ; il
l'approuve peut-être ; mais il n'émet pas son
opinion ; il n'établit pas de système ; il n'examine pas si, en général, il est possible, s'il
convient dans quelques circonstances, si, lorsque
plusieurs religions sont reconnues dans un État,
il est nécessaire de distinguer l'enseignement
religieux de l'enseignement civil ; à entendre ces
Messieurs, c'était là précisément la question
qu'il avait traitée.

Ce que nous voyons de plus probable dans
cette citation, c'est qu'au commencement du 17ᵉ
siècle, on songeait à la distinction que nous voulons établir, et que le synode de Malines s'y
opposait, comme il s'y opposerait encore aujourd'hui.

Et puis, que ferait à la question, l'opinion individuelle de van Espen? Nous rendons hommage aux talens, à la probité de ce célèbre canoniste; mais, *nil ad nos hominum autoritas spectat, sed veritas doctrinæ.* (Gérard Noodt, T. I, pag. 639.)

A propos de Gérard Noodt, qu'il nous est bien permis de citer aussi, puisqu'on met tant d'importance à ses opinions, ces Messieurs y reviennent encore; ils ont, pour nous servir de l'expression la plus douce possible, l'imprudence de ressaisir des armes dont ils se sont déjà blessés eux-mêmes; ils osent soutenir qu'ils ont trouvé dans les écrits du jurisconsulte de Leyde, les expressions et les pensées qu'ils lui attribuent. Comment, lorsqu'on est aussi évidemment surpris *in flagranti delicto*, n'avoir pas au moins la sagesse de se taire?

M. K...., nous disent-ils, *n'a pas trouvé le passage où Gérard Noodt met en avant : Que l'instruction forme le cœur de la jeunesse aussi puissamment que la raison le forme dans l'âge mûr. Nous indiquons à M. K.... la page 635 de Gérard Noodt : Tantum valet institutio quâ imbuta infantia sit aut exculta firmior ætas !*

Nous avons lu la page 635 de Gérard Noodt ; nous y avons rencontré les mots latins, *tantum valet institutio*, etc. ; mais, en conscience, nous n'avons pas même aperçu dans ces mots l'ombre de la proposition française par laquelle on croit ou l'on fait semblant de croire qu'on les a traduits.

Remontons à la source.

Gérard Noodt établit en thèse générale, et démontre dans son discours, que la religion est libre et indépendante du Souverain ; qu'ainsi personne ne peut, malgré lui, être attaché à une autre secte ; et que, d'après le droit des gens, il n'est permis à qui que ce soit de le forcer par les armes à y entrer, à y rester, ni même à se soumettre, en tout et partout, à celle dont il fait partie.

Religionem liberam esse et extra imperium positam : adeo neminem invitum alii adjungi sectæ; neo magis quem, ut in eam intret, aut in ea maneat, cive cui adhæret, in omnibus et per omnia, consentiat, armis vel legibus cogi posse humano jure.

Après cette exposition de principes d'une aussi large tolérance, il parle de la diversité des religions qui se partagent le monde, et il dit : *Illud non silebo, quod in ea tam notabili ac multiplice opinionum disciplinarum que varietate, nihil tam certum est, quam quod suam quisque amat et laudat, alienam plerique despuunt, quidam et impietatis damnant. Tantum valet institutio qua infantia imbuta sit aut exculta firmior ætas!* Tant ont de force les principes dont on a pénétré l'enfance, ou qui ont façonné la raison de l'âge mûr! réflexion philosophique bien propre à inspirer de l'indulgence pour ceux que nous croyons dans l'erreur, et qui, sans doute, était présente à l'esprit de Zaïre, quand elle disait :

Chrétienne dans Paris, Musulmane en ces lieux,
J'eusse été près du Gange esclave des faux dieux.

Que penser maintenant du *Catholique* qui voit dans cette réflexion : *que l'instruction forme le cœur de la jeunesse aussi puissamment que la raison le forme dans l'âge mûr?* est-ce ignorance? est-ce mauvaise foi? Il n'y a pas d'autre alternative, et nous lui laissons le choix. D'ailleurs, que signifierait cette proposition niaise qui n'est pas de Gérard Noodt, comme nous l'avions jugé *a priori*, et comment prouverait-elle *que la maxime du droit souverain exclusif sur l'enseignement, est incompatible avec une religion quelconque?*

Gérard Noodt, ajoute-t-on, développe ensuite, pag. 659, *les effets de cette première institution, à commencer de la phrase : Nam gigni a principe fortuitum est.* Il démontre que l'instabilité et la versatilité des doctrines religieuses est une suite inévitable du système que nous défendons, et il appuie sa démonstration de l'exemple d'un Constantin succédant à un Néron, de Marie succédant à Édouard.

Quand des hommes religieux s'expriment ainsi,

quand ils affirment avec tant d'assurance que telle doctrine se trouve exposée, développée par tel auteur, dans tel livre, à telle page, qui pourrait en douter? qui serait tenté d'aller vérifier le fait? la pensée ne nous en serait certainement pas venue, si le titre de l'ouvrage ne nous eût averti qu'un savant jurisconsulte, qu'un protestant éclairé, dans une dissertation : *de religione ab imperio libera*, ne pouvait point, en se renfermant dans son texte, avoir parlé du droit de la souveraineté sur l'enseignement civil. Ces deux sujets ont bien un rapport éloigné; mais chacun d'eux est plus que suffisant pour un discours académique, et nous étions certain d'avance que Gérard Noodt ne les avait pas confondus.

Transcrivons le passage indiqué, et mettons les hommes de bonne foi à même d'en déterminer le sens.

Nous ne commencerons point par la phrase : (*nam gigni a principe fortuitum est*), attendu qu'il n'est pas d'usage d'entrer en matière par une parenthèse. Afin qu'on puisse s'y reconnaître et apprécier, comme il convient, le texte et l'interprétation qu'on lui donne, nous reprendrons les choses d'un peu plus haut.

La pensée dominante de l'auteur est qu'en fait de religion, l'homme ne doit obéir qu'à lui-même; voici comme il s'exprime :

Si oportet me in re animi mei parere alii : cui præsertim credam ? Principi. Fac esse rerum divinarum rudem et ignarum (nam gigni à principe fortuitum est, nec semper bona mens cum nobilitate et opibus conjungitur). Fac, qui est dominantium mos, magis imperio et autoritate, quàm suasione et doctrina experiri. Fac, literis valere, etc. etc. Quàm habeo causam cur, salutis meæ damno, me adscribam religioni a quá abhorreo ?

Sit hoc, inquies, si de religione ejusque capitibus, jure imperii, decernat princeps : aliud tamen est, si quod Collegium religiosum ac sacrum.... ejus venia in suffragia veniat, Dei vice. Nihil muto in re animi.

Nous nous en rapportons à nos antagonistes

eux-mêmes ; où est-il fait mention ici de l'enseignement des lettres et des sciences?

Dans la page 645, à laquelle on nous renvoie, comme présentant une nouvelle démonstration du danger de notre distinction entre les deux enseignemens, nous lisons : *Nulli sua improbabilis videtur disciplina. Adeo circumagi is orbis potest : ac si cui liceat falsam ac vanam coercere sectam : cui nefas sit evellere eam a qua dissentit? Si enim falsa, si impia expungi potest, quæ superest quæstio nisi an ea a qua disceditur, ex eo genere sit? de ea porro, cujus notio, jurisdictio, coërcitioque erit? nonne ejus qui imperio prævalebit aut armis, cuive is hanc facultatem dabit? ita vero obtinetur, ut divini cultus sinceritas, fides, auctoritas jam non ratione ac sapientia constet, sed imperio, vi, atque armis sustineatur. Quo quid turpius, iniquius aut stultius sit, ipsi judicate.*

Or, qu'y a-t-il là dedans qui ait trait le moins du monde à notre opinion? Gérard Noodt, conséquent à ses principes, y soutient que le Prince,

en fait de croyances religieuses, n'a pas même
droit de poursuivre la superstition et l'erreur.
Est-ce là lui refuser le droit constitutionnel de
régler tout ce qui a rapport à l'enseignement
civil, et le mot même d'enseignement, d'éducation publique, y est-il prononcé une seule fois?

Quant à ce qui regarde les exemples de Néron
et de Constantin, de Marie et d'Edouard, co-
pions encore le texte dont on s'appuie, et ju-
geons de l'heureuse application qu'en font ces
Messieurs à leur doctrine; comme ils l'inter-
prètent savamment; comme ils en saisissent
habilement le rapport avec notre système; et
avant tout, remarquons que cette citation nouvelle fait immédiatement suite à la précédente :

*An quis christi disciplinam recte damnatam
fuisse tempore Neronis et deinceps opinetur,
quia tunc visa fuit, his qui rempublicam obti-
nebant, exitialis superstitio? quid? an post-
quam legibus approbata receptaque fuit, verior
sinceriorque esse cœpit, quod ab ejus parte sta-
rent imperium, leges, arma, quam cum sola
virtute et simplicitate defenderetur?..........*

*non silentio præteribo Thomam Crammerum ,
Cantuariensem antistitem, quem, cum Britan-
niæ regno, sub Maria, contraria potiretur fac-
tio, idem combussit ignis quo ipse, cum valeret
sub Eduardo, a se dissentientes combussit.*

Que demande Gérard Noodt, dans ce passage?
Il demande si le christianisme mérita d'être condamné sous Néron, pour n'avoir paru à ceux
qui gouvernaient alors, qu'une dangereuse superstition. Il demande si, depuis, légalement
reconnu, et désormais ayant pour lui l'autorité
et la force, il devint plus vrai, plus pur, que
lorsqu'il n'avait d'autre appui que la vertu et
la simplicité? Il passe aux troubles religieux
d'Angleterre; et pour preuve nouvelle des inconvéniens de l'intervention du Prince dans les affaires de religion, il cite l'exemple de Thomas
Crammer, évêque de Cantorbéry, brûlé sous le
règne de Marie, quand une faction contraire à
la sienne se fut ressaisie du pouvoir, après
avoir lui-même fait brûler les dissidens, sous
Édouard.

Un libéral, un philosophe ne verrait dans tout ceci que les principes d'une sage tolérance ; *un catholique y trouve que l'instabilité et la versatilité des doctrines religieuses est la suite inévitable d'un système d'éducation* dans lequel, pour respecter toutes les croyances, on ne veut pas que l'enseignement du dogme soit confondu avec celui de la morale ! tant il est vrai que la raison éclairée par la foi, comprend les choses bien autrement que la raison toute simple !

Et l'on trouve surprenant que nous ayons soupçonné quelque chose *d'apocryphe* dans de pareilles citations ! et l'on nous reproche un défaut *de délicatesse*, pour avoir rappelé la fidélité, *sui generis*, de celui que nous en supposions l'auteur ! Nous pouvons nous être trompé dans nos conjectures ; mais l'écrivain à qui nous répondons, si nous ne l'avons pas reconnu, n'ignore pas qu'au moins nous avons reconnu les principes, l'érudition et le style du savant dont il s'est fait l'interprète. Il n'y a pas, dans un royaume, deux hommes qui puissent avoir, en ce genre, des opinions aussi parfaitement identiques.

Nous avons dit, en parlant de la Bavière, que, dans ce royaume, les professeurs des Universités étaient à la nomination du Roi. Nous n'avons point parlé de ceux des Séminaires. En Belgique aussi, ces derniers sont nommés par les évêques et archevêques, et cela ne saurait être autrement.

Quant à la surveillance des écoles qui, dans la Bavière, serait exclusivement exercée par le Roi, nous n'en avons pas dit un mot. Ainsi nous n'avons point à nous occuper de l'art. 5 du Concordat entre le Roi de ce pays et le S.t-Siége.

Nos adversaires, dans un autre numéro de leur journal, celui des 14 et 15 mai, regardent comme une preuve de la faiblesse de notre argumentation, que nous soyons obligé d'en revenir toujours à un seul et même principe, savoir, qu'il faut distinguer, dans l'éducation, l'enseignement des croyances religieuses, de celui des doctrines littéraires. Ce qui leur semble un défaut, nous paraît un signe de vérité ; tout se lient dans un bon système, tout s'y rapporte à une idée première, et l'attraction, par exemple, n'est admise en physique, que parce qu'à elle seule, elle rend raison de tous les phénomènes que l'on veut expliquer. Si ces Messieurs s'étaient prononcés aussi franchement que nous ; s'ils avaient, comme nous, exposé sans restriction mentale, en quoi précisément consiste leur doctrine, et quelle part bien exacte doivent avoir chacun, dans l'instruction publique, le clergé et le gouvernement, la discussion n'eût pas été si longue, et il y a long-temps que nous serions d'accord.

Enfin, et nous l'espérons, ce sera la dernière objection à laquelle nous aurons à répondre, on nous dit :

« Le plan qu'un parti semble avoir adopté, de ne jamais parler de religion dans les écoles, n'est pas nouveau ; c'est celui que *Jean-Jacques* a conçu le premier et qu'il n'a pas même renouvelé des païens : les anciens disaient : *a Jove principium;* cet insensé, proposant pour dogmes à une nation chrétienne, les rêves de son imagi-

nation désordonnée, osa proposer comme modèle
d'éducation, un *Emile* qui, *à quinze ans, devait
ignorer encore s'il y avait un Dieu!* On sait
quelles furent les suites d'une pareille éducation :
l'oubli du premier principe, reconnu par les na-
tions païennes elles-mêmes, fut suivi par une
révolution sans exemple dans une société qui,
jusqu'alors, avait été sans modèle. Ce qu'il y a
d'étonnant, c'est que dans la nécessité où l'on
est d'avouer des événemens, dont il existe trop
de preuves, on s'obstine à en méconnaître la
cause. Celui qui parlerait du plan d'éducation
que l'on s'efforce de renouveler, comme d'un plan
subversif de tout ordre et de toute société, n'é-
viterait pas le reproche d'exagération, que trop
de gens s'empresseraient de lui faire : voyons
cependant comment on en jugeait peu de temps
après les événemens que nous venons de rappeler, et choisissons pour organe du jugement
qu'on en portait alors, un homme dont le té-
moignage ne peut paraître suspect. Dans la
séance du Corps Législatif du 15 germinal an X,

le citoyen Portalis s'attache à prouver que le plan d'éducation de ne jamais parler de religion dans les écoles, est rejeté par la France entière; rappelons-nous, s'il le faut, qu'à l'époque où ce discours fut prononcé, nous faisions partie de la France.

« Écoutons, dit l'orateur, la voix de tous les » citoyens honnêtes qui, dans les assemblées dé- » partementales, ont exprimé leur vœu sur ce qui » se passe depuis dix ans sous leurs yeux. Il est » temps, disent-ils, que les théories se taisent » devant les faits. POINT D'INSTRUCTION SANS » ÉDUCATION, ET POINT D'ÉDUCATION SANS MO- » RALE ET SANS RELIGION. »

» Les professeurs ont enseigné dans le désert, parce qu'on a proclamé imprudemment qu'il ne fallait jamais parler de religion dans les écoles.

» L'instruction est nulle depuis dix ans; il faut prendre la religion pour base de l'éducation.

» Les enfans sont sans idée de la divinité, sans notion du juste et de l'injuste. De là des mœurs farouches et barbares; de là un peuple féroce.

» Si l'on compare ce que c'est que l'instruction avec ce qu'elle devrait être, on ne peut s'empêcher de gémir sur le sort qui menace les générations présentes et futures.

» Ainsi toute la France appelle la religion au secours de la morale et de la société. »

Nous sommes charmé qu'on nous ait procuré cette occasion de nous expliquer sur un point important : *Le plan qu'un parti semble avoir adopté de ne jamais parler de religion dans les écoles,* n'est pas le nôtre. D'abord nous avons excepté les écoles ecclésiastiques et toutes celles des communions dissidentes ; ensuite nous n'avons point prétendu que les principes religieux, en général, et dans ce qu'ils ont de compatible avec les diverses croyances, ne dussent pas entrer dans l'enseignement public, qu'ils ne dussent pas en faire la base la plus solide ; les écoles de la Société *Tot nut van 't Algemeen,* parmi les livres élémentaires dont elles font usage, en comptent un grand nombre qui ne sont consacrés qu'à l'exposition de la morale chrétienne. La doctrine évangélique est enseignée dans toutes celles de la Hollande, où sont admis indistinctement les dissidens et les catholiques ; nous avons sous les yeux la formule de prière qu'on y récitait, il y a plus de 5o ans, et qu'on y récite sans doute encore ; elle était conçue en ces termes :

« Être suprême et éternel, qui n'as jamais été
» loué suffisamment par aucun mortel sur la
» terre, nous vous prions, ô Roi du Ciel, de
» nous bénir, du haut des régions que vous ha-
» bitez. Car, sans l'hommage que nous vous ren-
» dons, rien de ce que nous faisons ici-bas, ne
» peut avoir de mérite à vos yeux. Daignez, par
» votre inspiration, nous instruire de nos de-
» voirs, pour que nous soyons capables de les
» remplir, et dociles à la voix de nos maîtres.
» Que jamais notre bouche ni notre plume ne
» se meuvent que pour glorifier votre nom ! »

Une telle prière n'a rien qui doive répugner aux partisans d'une communion quelconque ; elle

respire les sentimens de la religion la plus pure;
et, pour en revenir à la Société *Tot nut van 't Algemeen*, ses principes ne sont pas anti-catholiques, tous les catholiques n'en ont point horreur,
puisqu'il y a trente ans, ayant mis au concours
un livre élémentaire *sur les preuves de l'existence de Dieu, le plus à la portée des gens du
peuple*, ce fut un curé catholique de la Nord-
Hollande, M. Schouten, qui remporta le prix,
et dont l'ouvrage fut imprimé aux frais de la
Société.

Ce que nous proposons pour nos provinces
méridionales, c'est ce qu'on fait en Hollande,
depuis cinquante ans, c'est ce qu'y ont admiré
les inspecteurs de l'Université impériale; là, les
enfans des catholiques, confondus avec ceux des
protestans, fréquentent, sans répugnance et sans
danger pour leur foi, les écoles publiques : pourquoi, chez nous, les enfans des protestans ne
pourraient-ils aussi, avec la même certitude que
leurs croyances seront respectées, fréquenter
nos établissemens d'instruction? pourquoi y a-

t-il, dans la ville même de Gand, des maisons d'éducation dont les élèves non-catholiques sont contraints de s'absenter le jour de la semaine où un jeune séminariste vient y faire le catéchisme? Encore une fois, nous ne sommes pas de ceux qui veulent exclure les idées religieuses de l'enseignement public, et que *les enfans, à quinze ans, ignorent encore s'il y a un Dieu;* nous demandons, au contraire, que l'éducation soit chrétienne, mais tolérante, et tout ce que nous désirons pour le bon ordre, pour la paix des consciences, pour que la liberté des cultes ne soit pas un vain nom, c'est qu'il ne soit enseigné dans les écoles nationales rien qui puisse blesser les opinions de qui que ce soit.

Cela posé, nous sommes d'accord *avec le citoyen Portalis;* nous pensons, comme lui, que, depuis dix ans, à l'époque où il faisait son rapport, on avait trop négligé en France les principes religieux; et quels principes, dans ces temps de désordre, n'y avait-on pas négligés! Nous pensons *qu'il n'est point d'instruction sans éducation, et point d'éducation sans religion et sans morale.* Mais, pour nous opposer *le citoyen Portalis,* il aurait fallu prouver que notre système n'est point d'accord avec son opinion, et c'est ce qu'on ne fera jamais.

Nous nous arrêtons ici , et, pour achever d'éclaircir une question aussi importante, une véritable question de droit public, pour imprimer à cette discussion le cachet de la franchise et de la vérité, nous allons la récapituler dans un dialogue où nous reproduirons, avec toute la fidélité dont nous sommes capable, et les attaques de nos adversaires et nos moyens de défense. Car, nous croyons devoir le répéter, ils sont les agresseurs; ce sont eux qui ont soulevé la question, et nous n'avons fait que leur répondre.

DIALOGUE.

—

— Le droit exclusif attribué au gouvernement de régler tout ce qui a rapport à l'enseignement public, est contraire à la religion catholique, contraire à l'autorité paternelle, contraire à la Constitution.

= C'est beaucoup ; pourriez – vous d'abord prouver le premier point ?

— Je prouverai le premier point, comme le second et le troisième.

= Commençons par le premier, s'il vous plaît.

— Volontiers.

= En quoi trouvez-vous contraire à la religion catholique, le droit attribué au gouvernement de ce pays, de diriger l'instruction nationale ?

— Vous avez lu l'Évangile ?

== Je l'ai lu, je le révère et ne veux pas m'en écarter.

— Si vous l'avez lu, répondez : Est-ce aux gouvernemens temporels, ou bien aux apôtres que Jésus-Christ a dit ces mémorables paroles : *Allez, enseignez tous les peuples?*

== C'est aux apôtres.

— La mission que Jésus-Christ a donnée à ses apôtres, n'a-t-elle pas été transmise à leurs successeurs?

== Elle leur a été transmise.

— C'est donc à leurs successeurs qu'appartient l'enseignement des peuples.

== Sans doute c'est à eux qu'appartient l'enseignement que Jésus-Christ leur a confié.

— Cependant vous l'attribuez aux gouvernemens temporels?

== Point du tout. L'enseignement dont j'attribue la direction aux gouvernemens temporels, n'est point celui dont vous parlez.

— Quel est-il donc?

== C'est celui des lettres et des sciences humaines.

— Votre distinction est absurde.

= Quoi ! vous trouvez absurde que je distingue
la théologie de la philosophie, le dogme de la
morale, le droit canon du droit naturel, le catéchisme de la grammaire ?

— Oui, je trouve absurde que vous sépariez
ces choses dans l'éducation, et je n'y vois qu'un
rêve de vos philosophes, impossible à réaliser.

= Impossible à réaliser ! mais vous êtes logicien, quoique vous n'aimiez pas le Collége philosophique, et vous connaissez l'axiôme : *ab actu
ad posse valet consecutio.* Or, sans aller chercher
plus loin, cette distinction a lieu réellement,
depuis un grand nombre d'années, dans les provinces septentrionales de notre royaume, MM.
Noël et Cuvier, inspecteurs-généraux de l'Uni-
sité de France, l'ont vue mise en pratique et en
ont admiré les résultats.

— Vous nous parlez de la Hollande qui est
protestante ; mais nous sommes catholiques, et
nous ne prétendons pas nous mêler de l'instruction des protestans.

== Ce n'est point répondre *ad rem.* Il s'agit de savoir si, en général, il est possible de séparer, dans les établissemens d'instruction, l'enseignement civil de l'enseignement religieux ; vous en convenez pour les pays protestans. Il faudrait donc démontrer que la même chose n'est point praticable pour les pays catholiques et ceux de religion mixte. Et c'est ce que vous ne faites pas.

Vous êtes catholiques, dites-vous! nous aussi ; mais nous vivons avec des gens qui ne le sont pas ; leur culte est protégé comme le nôtre ; nos droits et les leurs sont les mêmes ; l'État n'est pas tenu d'ouvrir et de doter autant d'écoles qu'il y a de communions différentes ; et, pour citer encore une fois la Hollande, les catholiques, dans ce pays, n'ont jamais fait difficulté, ils n'en font encore aucune de fréquenter les mêmes leçons publiques que les protestans ; nous en trouverions d'autres exemples dans plusieurs États de l'Europe ; les chrétiens de la primitive Église n'étaient pas si scrupuleux ; ils craignaient moins la contagion des doctrines erronées; ce ne fut point dans des écoles ecclésiastiques que les Chrysostôme, les Basile, les Grégoire de Nazianze, les Ambroise, les Jérôme, les Augustin, puisèrent cette érud*...* et cette éloquence qui illustrèrent, au 4.ᵉ siècle, les lettres, la philosophie et la religion; quelques-uns d'entr'eux n'en devinrent pas moins les flambeaux, les oracles de l'Église grecque, pour avoir été, dans les Académies d'Athènes, les compagnons d'études, les rivaux littéraires de ce Julien qui devait ensuite fermer aux chrétiens toutes les écoles profanes.

Vous ajoutez que vous ne prétendez pas vous mêler de l'instruction des protestans! c'est un tort que vous avez, et le clergé de France n'y renonce pas, dans l'Université que dirige M. d'Hermopolis. Le clergé de France est plus conséquent que vous. Ou votre titre primordial est nul, ou il vous donne le droit et vous impose le devoir d'instruire les protestans même.

— Je ne vous entends pas.

= *Vous m'entendriez bien, si vous vouliez*

m'entendre! En effet, quand Jésus-Christ disait à ses apôtres : *Allez, enseignez tous les peuples,* de qui leur parlait-il? de ceux qui déjà étaient convertis à sa doctrine, ou de ceux qui, comme les protestans, *n'ont pas de foi?*

— Je ne réponds point à cette plaisanterie.

= Dites plutôt que vous ne sauriez y répondre; mais enfin, car c'est là toute la question, en quoi trouvez-vous inadmissible la distinction que nous voulons établir?

— En ce qu'elle est contraire à l'usage de tous les pays catholiques, et que le sacré touchant de près et par mille points au profane, si le clergé n'avait aucune influence sur les écoles civiles, il ne pourrait garantir les doctrines religieuses de la contagion du siècle.

= L'usage que vous alléguez n'est de tous les temps ni de tous les lieux; il le serait, qu'il n'en résulterait qu'un fait et non un droit; et pour ce qui est du contact des études littéraires et religieuses, il n'est pas tellement immédiat, qu'on ne puisse l'éviter. D'ailleurs, si vous réclamez,

pour le clergé, la surveillance des études civiles, sous prétexte qu'elles ont une foule de
rapports avec les vérités de la religion, comme
d'ailleurs vous avez, et que personne ne vous
conteste, la direction des études ecclésiastiques,
vous aurez donc ce droit exclusif, que vous
refusez au gouvernement, de régler tout ce qui
a rapport à l'éducation.

— Encore une fois, nous ne parlons que des
pays et des écoles catholiques.

= Ainsi vous ne parlez ni de notre pays, ni
de nos écoles : seulement vous dites que dans les
pays et les écoles catholiques, c'est à vous qu'appartient la direction exclusive de l'enseignement.

— Nous n'avons pas cette prétention.

= Comment! vous vous réservez le sacré, vous
voulez en outre vous assurer le profane, et vous
dites que vous ne voulez pas vous emparer du
tout ! faites-nous au moins la grâce de nous expliquer ce que, dans un pays catholique, vous
laissez au gouvernement.

— Le gouvernement a ses prérogatives; le

clergé a les siennes ; puissances parallèles et indépendantes, ni l'une ni l'autre n'a le droit de diriger seule l'éducation ; voilà toute notre doctrine.

= Convenez que ce n'est point là s'expliquer
franchement ; que ce n'est point faire à chacun
la part d'autorité qui lui revient. Nous, du moins,
nous n'avons pas de subterfuge, point d'arrière-
pensée, point de restriction mentale ; on voit
clairement ce que nous voulons. On voit ce que
nous accordons au clergé et ce que nous réser-
vons au Prince. Votre parallélisme, votre indépendance de la puissance ecclésiastique et de la
puissance civile, ne sont pas des choses faciles à
concevoir ; elles nous jettent dans un vague indé-
finissable, et nous ne comprenons pas comment
vous les mettriez d'accord avec l'article 196 de
notre Constitution, qui charge le Roi *de veiller
à ce que tous les cultes se contiennent dans
l'obéissance aux lois de l'État ;* mais, sans nous
inquiéter de la manière dont vous prétendez que,
de deux autorités parallèles et indépendantes,
l'une soit contenue par l'autre dans l'obéissance,

revenons au droit de diriger l'instruction publique. Ce droit, puisque vous ne l'accordez exclusivement ni au gouvernement ni au clergé,
leur appartient donc en commun.

— Assurément.

= J'avais cru jusqu'ici que tout droit à une
chose était exclusif de sa nature; mais, puisque
vous en jugez autrement, et que, selon vous, le
gouvernement et le clergé ont, en commun, le
droit de régler tout ce qui a rapport à l'enseignement, comment s'en fera le partage? et, en
cas de contestation, qui décidera? car enfin, il
faudra décider; et ce droit suprême ne pouvant
plus alors demeurer indivis, on sera bien forcé
de l'accorder, en dernier ressort, ou à l'un ou
à l'autre. L'un des deux l'aura donc exclusivement. Or, vous déclarez que vous ne prétendez
point pour le clergé à ce droit exclusif; il appartient donc au gouvernement.

— Non, nous ne reconnaissons pas au gouvernement un droit dont il pourrait abuser.

= Alors, comme il n'en est aucun qui ne soit

sujet à des abus, vous ne lui en reconnaissez aucun.

— Nous ne voulons pas qu'il puisse, à son gré, introduire dans les écoles des maîtres suspects, des livres hétérodoxes, un esprit anti-catholique.

= Nous ne le voulons pas plus que vous, et nous ne lui en accordons pas la faculté.

— S'il le faisait cependant ; s'il permettait qu'on inspirât à la jeunesse des sentimens ir-réligieux, qui l'en empêcherait?

= Je ne connais pas de gouvernement, j'ai peine à en concevoir un qui permette qu'on ins-pire à la jeunesse des sentimens irréligieux ; ils ont tous trop d'intérêt à retenir les peu-ples par le frein de la religion, et vous com-battez des chimères.

— Mais enfin, puisque la chose est possible, si elle arrivait, que faudrait-il faire ?

= Ce qu'on ferait, si le gouvernement tra-hissait ses devoirs, s'il violait la Constitution, s'il opprimait les citoyens ; on en appelerait aux États-Généraux.

— Quel serait, dans ce cas, le pouvoir des États-Généraux ?

= Ils réclameraient l'exécution des lois ; ils examineraient le compte qui doit leur être rendu tous les ans de l'état des écoles ; ils adresseraient au Roi leurs humbles remontrances ; et, en cas de besoin, ils rejeteraient le budget de l'instruction publique.

— Si leurs vœux n'étaient pas écoutés !

= Il y aurait despotisme, et il ne resterait aux honnêtes gens qu'à s'envelopper de leur manteau ; mais nous n'en sommes point là, et c'est trop nous fatiguer de suppositions chimériques.

— Nos suppositions, nos craintes vous semblent chimériques ; mais vous ignorez donc que les abus qui nous effraient, existent réellement ; que des livres dangereux ont été introduits dans quelques-unes de nos écoles ; qu'on y a enseigné des doctrines pernicieuses ?

= Je l'ignore, et j'en doute, à moins que vous ne vouliez parler des doctrines de MM. Laurentie et de la Mennais ; mais si ces abus ont lieu, il faut les signaler; le gouvernement ne les approuve pas; ils sont contraires à ses vues; ils répugnent à ses principes de tolérance.

— Que venez-vous nous parler de tolérance, quand les pères de famille sont privés du droit de choisir les maîtres de leurs enfans?

== Les pères de famille ne sont point privés de ce droit; ils ne sauraient en être privés.

— Cependant ils sont obligés de les envoyer aux écoles nationales.

== La même chose arrive, sous tous les gouvernemens bien réglés.

— Quel parti prendront-ils, si ces écoles n'ont pas leur confiance ?

== Ils feront, comme en France, les protestans dans les villes où il n'existe que des Colléges dirigés par le clergé catholique; ils leur donneront des maîtres particuliers, feront eux-mêmes leur éducation, ou les enverront à l'étranger.

— Oui, mais, dans ce dernier cas, ils leur fermeront la carrière des emplois publics.

== C'est qu'ils l'auront voulu; le gouverne-

ment n'est pas responsable de leurs caprices ;
il ne doit sa confiance qu'à ceux qui lui en inspirent et qui en ont en lui. On ne se fait pas
seconder dans l'administration d'un royaume,
par des citoyens imbus de maximes anti-natio-
nales. Nos Princes, dans plusieurs circonstances, ont pris les mêmes mesures, et c'est
une précaution presque partout en usage.

— Pourquoi, dans ce pays, a-t-on fermé
certaines écoles ?

= Parce qu'elles étaient illégales.

— N'est-il pas permis à chacun, sous un gouvernement constitutionnel, d'ouvrir une maison
d'éducation ?

= En principe, oui. D'après les lois existantes
et dans l'état actuel des sociétés européennes, non.

— Les opinions ne sont donc pas libres ?

= Les opinions sont libres, mais individuelles;
et tout établissement public, d'après nos institutions, est sous l'œil de l'autorité publique.

— Où sont les dispositions de la loi qui don-
nent au Prince, dans ce pays, le droit exclusif de
régler tout ce qui a rapport à l'enseignement ?

= Dans la Constitution, art. 226, qui déclare : *que l'instruction publique est un objet
constant des soins du gouvernement, et que le
Roi fait rendre compte tous les ans aux Etats-
Généraux, de l'état des écoles supérieures,
moyennes et inférieures.*

— Cet article énonce bien que l'instruction
publique est l'objet des soins du gouvernement;
mais il ne lui en donne pas la direction exclusive.

= Il lui en donne la surveillance, et n'en
charge aucun autre ; donc il l'en charge exclusivement.

— Cet article, interprêté, comme vous le
faites, serait en contradiction avec le 191.me,
d'après lequel *protection égale est accordée à
toutes les communions religieuses qui existent
dans le royaume.*

= Je n'aperçois là aucune contradiction ; et
il me semble que l'égale protection assurée à tous
les cultes, ne donne pas plus de droit sur l'enseignement public à une communion qu'à une

autre, à celle des catholiques qu'à celle des protestans.

— Ce prétendu droit, exclusivement royal,
n'est pas plus reconnu par les protestans que
par les catholiques.

= Nous ne savons aucun pays protestant où
il soit contesté au Souverain.

— Ne vous rappelez-vous pas la dispute élevée en Hollande, au sujet de certaine formule
de prière, prescrite par les Etats ?

= Cette dispute n'a aucun rapport avec l'enseignement public, et les Etats avaient tort de
s'immiscer dans une affaire religieuse. Des formules de prière ne sont point du ressort de la
souveraineté.

— Si je vous prouvais que les jurisconsultes
protestans les plus célèbres étaient opposés à
votre système, qu'en diriez-vous ?

= Je n'en dirais rien ; mais j'en serais bien
surpris.

— Avez-vous lu le livre de Boëhmer, intitulé :
Jus canonicum protestantium ?

== Je ne l'ai pas lu.

— Eh bien ! Boëhmer dit positivement : *que les peuples, en se réunissant en société, n'ont pas même le droit de soumettre leur opinion religieuse à la volonté du Prince, parce que le pouvoir sur les consciences et les opinions appartient à Dieu seul.*

== Je me doutais que c'était là son sentiment ; c'est en effet celui de tous les protestans et de tous les philosophes ; quelle conséquence en tirez-vous ?

— Que le gouvernement n'a pas la direction exclusive des écoles publiques.

== Cette conséquence ne dérive pas du principe ; je m'en rapporte au professeur même de logique de St-Acheul.

— Vous ne récuserez pas l'autorité de Gérard Noodt, cet illustre jurisconsulte de l'Université de Leyde.

== C'est selon.

— Dans son discours académique, *de religione ab imperio libera, jure gentium*, il s'explique, en termes formels, sur l'inconvénient qu'il y aurait à confier au gouvernement le droit exclu-sif de régler tout ce qui a rapport à l'instruction publique.

= J'ai peine à le croire, et cela, pour trois raisons ; la première, c'est qu'il est protestant, et qu'en s'exprimant ainsi, il serait en contra-diction avec les principes du protestantisme ; la seconde, c'est qu'un orateur qui a du talent, quand il a choisi un sujet de discours, ne l'aban-donne pas pour en traiter un autre ; la troisième, c'est que j'ai lu Gérard Noodt, et que je n'y ai pas trouvé, que je vous défie de m'y faire voir un seul mot de ce que vous lui prêtez.

— N'a-t-il pas dit *que l'autorité du Prince est grande et supérieure dans les affaires civiles ; mais que, dans les affaires religieuses, elle ne va pas au-delà des autres ; et que, s'il se per-met de prescrire des règles à cet égard, et d'en ordonner l'observation, sous certaines peines, il empiète sur l'autorité d'autrui, c'est-à-dire, de Dieu ; divini, id est, alieni rem attingit ?*

= S'il n'a pas dit cela précisément, il a dû
le dire ; c'était le sujet de son discours, et nous
pensons comme lui.

— N'a-t-il pas ajouté : *que l'instruction de
la jeunesse forme le cœur aussi efficacement que
pourrait le faire la raison dans l'âge mûr?*

= Cette proposition qui ne prouve rien, qui
ne signifie rien, n'est pas de Gérard Noodt.

— Quoi ! il n'a pas écrit, à la page 635 : *tan-
tùm valet institutio quá imbuta infantia sit aut
exculta firmior ætas !*

= C'est justement parce qu'il a écrit ces mots
à la page 655, et qu'il n'en a pas écrit d'autres
sur l'éducation, qu'il n'est pas l'auteur de la proposition française que vous lui attribuez. Est-il
nécessaire de vous prouver qu'elle n'en est pas
la traduction ? faut-il vous mettre vos propres
contre-sens sous les yeux ? et, indépendamment
de l'infidélité de la version, n'est-il pas ridicule
de voir dans une pareille exclamation autre chose
que la pensée philosophique exprimée par Vir-
gile dans ce vers :

..... *Usque adeo in teneris consuescere multum est !*

— Et Van Espen ! que dites-vous de l'opinion qu'il émet, t. I, pag. 554, art. 7, édit. de 1753, en parlant du 2.ᵉ synode provincial de Malines ?

== Je ne vois pas l'opinion qu'il émet ; je vois seulement un fait qu'il rapporte et dont il résulte qu'au commencement du 17.ᵉ siècle, il y avait des écoles dominicales où l'on enseignait aux enfans la lecture et l'écriture, sans s'occuper assez du catéchisme, ce qui fut condamné par le 2.ᵉ synode de Malines ; cela n'a pas droit de nous étonner ! Van Espen, d'ailleurs, pouvait, à cet égard, avoir son opinion, comme nous avons la nôtre ; c'était un savant homme ; mais il n'a point pour nous l'autorité d'un Père de l'Église.

— Et Diderot qui considérait l'éducation de la jeunesse comme faisant partie du ministère de la religion ; qui l'attribuait exclusivement au clergé ; qui voulait que les prêtres seuls fussent chargés de l'enseignement !

== Vous pouvez vous étayer de l'autorité de Diderot ; moi, je ne me règle pas plus, dans une question de pur raisonnement, sur l'autorité d'un incrédule, que sur celle d'un ultramontain.

— Et le citoyen Portalis, dans son rapport au Corps Législatif de France, sur la nécessité de prendre la religion pour base de l'enseignement !

= Le citoyen Portalis avait raison ; seulement s'il a pensé que la religion ne pût servir de base à l'enseignement, à moins que l'instruction religieuse et l'instruction civile ne fussent confondues dans les mêmes écoles, nous ne sommes pas, en cela, d'accord avec lui, sur-tout pour ce qui regarde les États de religion mixte.

— Et la pratique constante de tous les pays païens et catholiques, du nôtre particulièrement, depuis les Druides jusqu'à Marie-Thérèse, les édits de Clovis, de Childebert, de Guntramne, les Capitulaires de Charlemagne, les décrets de nos synodes archi-épiscopaux, regardez-vous toutes ces autorités comme de faibles argumens en faveur de notre cause ?

= Le clergé belge n'a pas succédé aux Druides et ne doit pas les prendre pour modèles; Clovis,

Childebert et Guntramne étaient de tristes législateurs ; nous ne vivons plus sous le régime des
capitulaires ; nos synodes archi-épiscopaux ont
joui de priviléges qu'ils n'ont plus, et les abus
de dix-huit siècles, ne sont pas des lois pour
le 19.ᵉ

— Vous ne reconnaissez donc aucune autorité !
Vous ne voyez donc dans le passé aucune leçon
pour le présent et l'avenir !

= Je respecte l'autorité, quand elle est conforme à la raison ; j'adopte du temps passé, ce
qui me semble utile, et j'apprends sur-tout, en
lisant les fautes et les malheurs de nos ancêtres,
combien il importe d'en préserver la génération
présente et celles qui la suivront.

— Il est bien facile de rejeter ainsi les opinions
de tous les autres, et de ne s'en rapporter qu'à
sa raison !

= Je ne rejette point les opinions de tous les
autres ; je les examine, je les pèse, et, en dernière analyse, il faut bien que ce soit à ma raison
que je m'en rapporte.

— Pourtant votre raison, au sujet de l'enseignement public, ne vous a pas appris beaucoup de choses !

= Elle m'a appris que l'enseignement public comprenait l'instruction religieuse et l'instruction civile ; que la première appartenait au clergé, et la seconde au gouvernement. C'est tout ce qu'elle devait m'apprendre.

— Vous n'avez qu'un principe, qu'une idée ; vous y revenez sans cesse.

= Si mon système s'appuyait sur deux principes, il manquerait d'unité ; il serait faux. *Omnis pulchritudinis principium unitas.* (St.-Augustin.)

FIN.

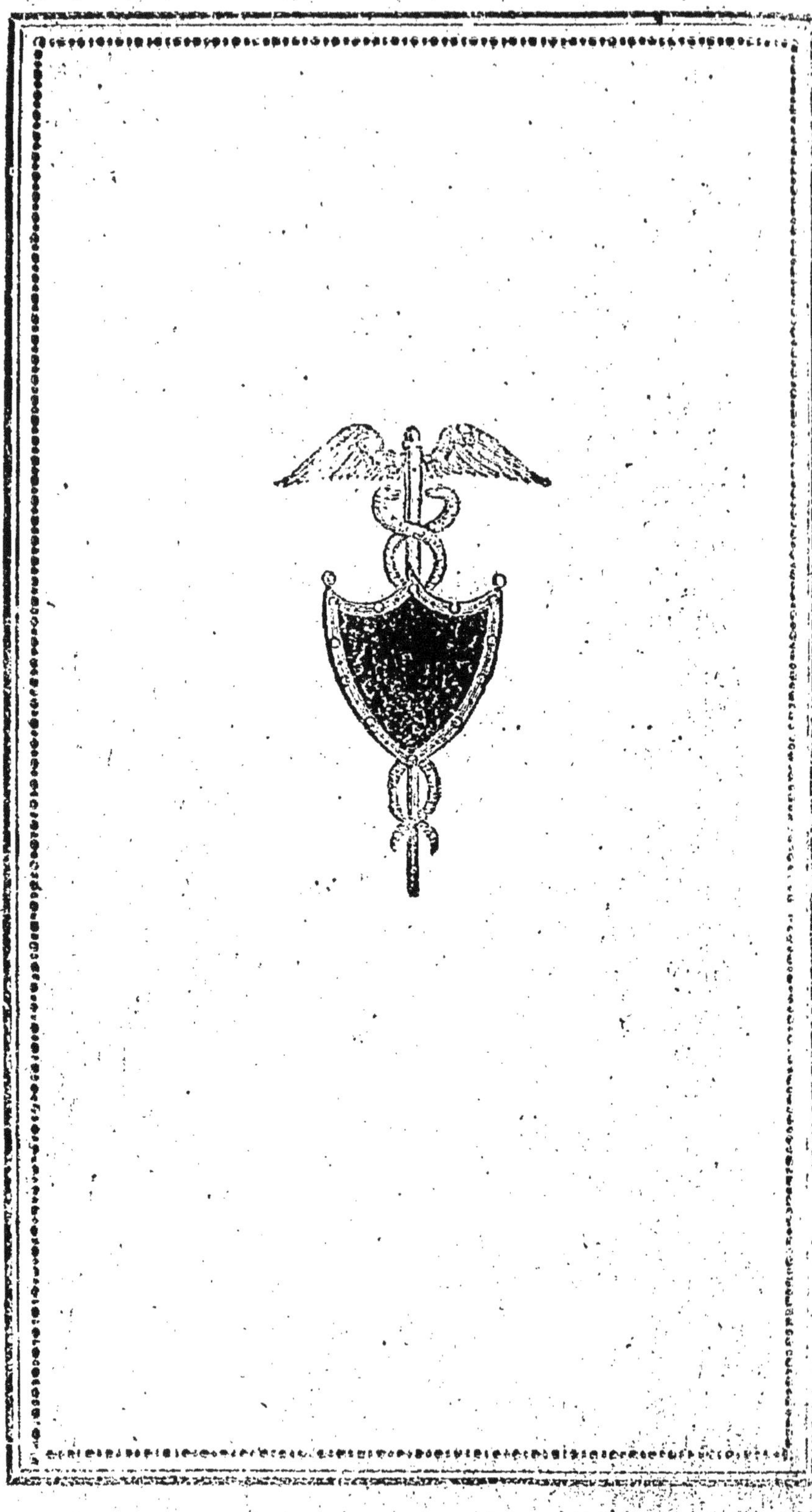

Contraste insuffisant

NF Z 43-120-14